Début d'une série de documents
en couleur

LETTRE

À

MONSIEUR LITTRÉ

ET AUX

POSITIVISTES

Par Gabriel Désiré LAVERDANT

PREMIÈRE PARTIE

NOS ACCORDS

BAR-LE-DUC

TYP. DE L'ŒUVRE DE SAINT-PAUL, L. PHILIPONA ET Cᵉ

36, RUE DE LA BANQUE, 36

1881

Ouvrages du même auteur

CHEZ VATTELIER, GERVAIS, DAVESNE, HETZEL,

A LA LIBRAIRIE GÉNÉRALE

ET A L'ŒUVRE DE SAINT-PAUL

La déroute des Césars.
Théocratie et diabolocraties.
Le pape et l'empereur, drame.
L'apôtre de Tulle.
La liberté pour les pauvres et pour Dieu.
Histoire morale de don Juan.
Don Juan converti, drame.
Appel aux artistes.
L'aurore du jour éternel.
Défense de Jules Ferry, farce.
Défense de Notre-Dame, comédie.

Pour paraître prochainement.

Appel aux positivistes. Nos discords. Le miracle.
Appel à Alexandre Dumas et aux poètes.
Le symbolisme du Misanthrope.
Alceste consolé, drame.
Le feu d'enfer, comédie.
La Barque de saint Pierre, poème.
Appel au pape.
Le chrétien, catholique apostolique romain, petit
journal.

Bar-le-Duc. Typ. de l'Œuvre de St-Paul, L. PHILIPONA et Cᵉ. — 673

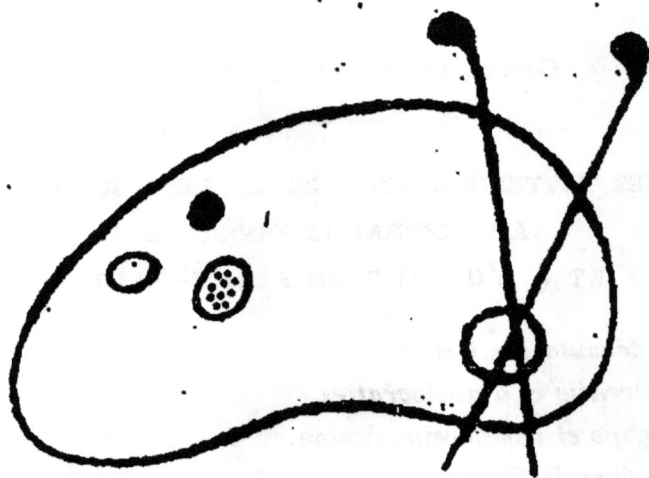

Fin d'une série de documents
en couleur

LETTRE

A

MONSIEUR LITTRÉ

ET AUX

POSITIVISTES

LETTRE

A

MONSIEUR LITTRÉ

ET AUX

POSITIVISTES

Par Gabriel Désiré LAVERDANT

PREMIÈRE PARTIE

NOS ACCORDS

BAR-LE-DUC

TYP. DE L'ŒUVRE DE SAINT-PAUL, L. PHILIPONA ET Cᵉ

36, RUE DE LA BANQUE, 36

—

1881

AVANT PROPOS

Très honoré Maitre,

Dans l'un de vos derniers écrits, vous citez avec complaisance ces vers de Béranger *aux habitants de l'Ile de France :*

« De tant d'échos résonnant jusqu'à nous,
« Les plus lointains nous semblent les plus doux. »

J'avous arrive précisément de l'Ile de France, *from Mauritius,* et de bien plus loin encore, « du pays de la foi. »

Vous dites : « Le ciel théologique et le ciel scientifique n'ont rien de commun. »

— « C'est le contraire ! » vous répond l'auteur des deux *Sommes :* l'une théologique, descendant de la Révélation, et l'autre naturaliste, remontant de l'observation rationnelle et de l'expérience sensible; toutes deux destinées à se rejoindre, pour unir dans un même

1

concert la double science et du ciel et de la terre (1).

C'est dans cet esprit de réconciliation et dans cette espérance harmonieuse que le Souverain-Pontife nous conseille avec tant de solennité le retour à la Philosophie scholastique et l'étude combinée du Droit naturel et du Droit divin.

Je vais donc, pour contenter Léon XIII et Littré, essayer de me planter sur les bases solides du Bœuf sacré d'Aquino et de m'abriter plus largement sous les deux ailes de l'Aigle de Patmos, afin d'attirer les hommes de bonne volonté vers le chœur des anges ; et je me propose de montrer à vous et à vos disciples que Positivistes et Catholiques ont ensemble en partage :

1° Une commune charité fraternelle,

2° un commun amour de la vérité,

3° une commune vue sur l'ordre de l'univers,

4° une commune notion de la méthode expérimentale,

5° un sentiment commun sur le lien cordial des mondes.

_____

(1) Necesse est ad naturalem rationalem recurrere... Ratio naturalis ex sensibilibus. Summa c. Gent. Pro. ii, iii ; et l. 1, c. ii,

Cette communauté d'idées bien établie, nous essaierons ensuite, dans un commun esprit de paix, d'écarter les autres causes de division, s'il en reste, sur la question politique et sociale ; et nous emprunterons à votre école même un rayon de la science positive, pour éclairer, s'il se peut, le ténébreux abîme du miracle.

Vous devinerez, sans doute, que cet appel de mon cœur s'adresse autant à Victor Considérant qu'à Littré.

C'est, en effet, mon ardent désir et mon ferme propos d'édifier et les disciples d'Auguste Comte et les disciples de Charles Fourier, tous si dignes d'entrer, par la voie de la pleine vérité, dans la vivante communion des saints. Mon amitié respectueuse voudrait faire parvenir à leur oreille cette parole du plus humble, du plus doux et du plus irrésistible des maîtres de la Science :

« Je les attirerai à moi par les seules attaches de la libre pensée, par les seuls attraits de la bonne nature, dans les embrassements de la céleste charité : *In funiculis Adam traham eos, in vinculis charitatis.*

INTRODUCTION

I.

COMMUNE CHARITÉ FRATERNELLE

Pour arriver à l'accord parfait, il faut, d'abord, faire cesser une méprise qui arrête la terre dans son attraction naturelle vers les cieux. Méditons, libres penseurs et hommes de foi, avec le plus grand des Papes docteurs, sur une distinction profonde et délicate, que voici :

« Il y a, dit saint Grégoire le Grand, le ciel des juifs et des judaïsants imparfaits, et le ciel des chrétiens parfaits (1). »

Des cimes enfumées du Sinaï tombent des éclairs terrifiants, dont vous dites : « De telles objurgations me laissent froid. » — Et vous avez, pour vous donner raison contre ce ciel tonnant, saint Paul et saint Jean, confirmés par saint Pierre (2).

(1) Cœlum, judaïcum sacerdotium... Cœlum cœli, vita sublimis sanctorum.

Tonitrua cœlorum sunt perfecta desideria electorum. Et ignis de cœlo, amor. 1 Reg., i, 2.

(2) Quid tentatis Deum imponere jugum super cervices discipulorum, quod neque patres nostri neque nos portare potuimus? Act., xv.

Des hauteurs radieuses de Sion descendent les rayons de l'ardent amour que le Boanergès évangéliste darde sur les cœurs de bonne volonté ; et vous avouez, mon frère, que la sympathie et l'onction, vinssent-elles de vos antipodes, trouvent auprès de vous « un meilleur accueil et jusqu'à l'attendrissement. »

Je viens à vous, maître illustre des savants positivistes, dans l'esprit des chrétiens parfaits, autant qu'il est possible à ma faiblesse ; et j'affirme, avant tout, que notre ciel des cieux a de commun avec le vôtre l'affection pour la bonne foi et le respect pour la vraie science.

Fussiez-vous un fils de la Louve Romaine ou Lycienne, notre devoir est d'aller à vous, comme veut Jésus, à la suite de Jean, François d'Assise et Robert d'Arbrissel, pour vous offrir votre part dans nos pâturages ; car c'est notre espérance miséricordieuse, certaine, que le libre penseur et le simple fidèle vivront bientôt ensemble, en paix, dans l'ordre de la liberté, et qu'ils auront en commun le bonheur sur la terre comme au ciel.

Si vous êtes loup, c'est de la douce et grande espèce de Benjamin et de votre patron saint Paul : comme eux aussi, vous ne serez entraîneur des esprits que pour les recueilir dans le vase d'or de la science (1).

Ah ! que n'ai-je, pour vous ravir, les ailes de la Colombe ! Mais je ne suis pas de ceux qui planent ; et je crois bien que les plus tendres roucoulements, doux à votre cœur doux, ne seraient pas de force à réduire votre esprit positiviste. Il y faudrait une plume de l'Aigle de Patmos.

Je m'adresse à vous, en ce moment, parce que j'ai été profondément touché par une de vos dernières paroles, toute pleine envers nous de tant de bonne grâce charitable. *Novissima Verba*, dites-vous : oui, paroles de renouvellement, où l'on vous sent rajeunir pour la vie éternelle.

A la noce récente de votre aimable nièce, je disais à votre digne fille, qui en eut les larmes aux yeux :

« La Providence a ses voies indirectes, avec des grâces mystérieuses que nos âmes étroites ne comprennent pas. Rien n'aura autant servi à la liberté à venir de l'Eglise que l'attitude si

---

(1) Benjamin, lupus rapax... Vas electionis est mihi iste. Lupus et agnus pascentur simul. Genèse, XLIX. Actes, IX. Isaïe, XI, LXV. Saint Luc, X, 3. Spicil. Solesm. De re symbolica.

hautement impartiale de M. Littré. Or, s'il avait été au dedans de l'Eglise, sa parole n'aurait pas produit un égal et bienfaisant effet. Les fidèles lui doivent une grande reconnaissance, et Dieu lui réserve une grande récompense (1). »

Vous n'êtes pas du corps catholique apostolique romain ; mais, mon très honoré frère, vous *êtes de l'âme de l'Eglise ;* et ce n'est point à vous et à vos semblables que, bientôt, le Dieu juste dira : *Nescio vos !*

Le doute méthodique joue un rôle utile dans le ciel scientifique et dans le ciel religieux.

Un Père de l'Eglise a dit : « Nous sommes plus affermis dans la vérité par le doute de saint Thomas que par la foi naïve des autres apôtres. »

Par une coïncidence curieuse, le Docteur qui a le plus fortement démontré à la raison les vérités chrétiennes, porte le même nom que l'apôtre douteur et expérimentateur (2) qui voulut voir de ses yeux et toucher de son doigt,

(1) L'exemple du maître vient d'être suivi par les disciples. La protestation de M. le docteur Seymerie fait le plus grand honneur à l'Ecole positiviste. Quel bonheur de retrouver la libre pensée amie de la liberté !
(2) Discipulus dubitans et palpans. B. Greg. M., hom. 27.

avant de s'écrier : *Mon Seigneur et mon Dieu!*

Ce sont là vos ancêtres, cher positiviste; et je compte bien qu'après avoir, comme Thomas Didyme, exigé et acquis la démonstration sensible, vous rendrez l'hommage rationnel et cordial, comme Thomas d'Aquin.

En attendant la foi et l'espérance, vous avez la charité : *Major horum est charitas.* Et vous l'avez plus efficace que beaucoup de nos cléricaux lais, ô bon Samaritain !

Savez-vous qu'au *Salon* de cette année, le *Bon Samaritain* de Morot a été préféré même au Job de Bonnat? Et pourtant le saint homme Job a les yeux au ciel, et le schismatique de Samarie a l'œil sur la terre.

Mais, dit saint Grégoire le Grand, notre Job (en France) manque d'humilité, se refuse à reconnaître ce qu'il y a de lumière et de vertu dans ses adversaires, et perd son temps à gémir, au lieu de s'occuper de son perfectionnement.

Quant au bon Samaritain, dit le même saint Grégoire, après avoir recueilli l'humanité blessée, il la conduit *à l'Eglise.*

Tous chemins vont à Rome, chante notre bon La Fontaine, dans son testament poétique (trop peu connu), où il nous convie tous à sortir du monde, pour aller dans le calme de la nature chercher et retrouver en nous l'image de Dieu (1).

Notre conviction, à nous, catholiques, c'est que quand on a l'âme saine et sainte, on augmente sa vie, son bonheur et sa fécondité, en participant au corps de l'Eglise.

Vous êtes une belle et bonne âme spirituelle, mais isolée de la communion des saints. Vous êtes un saint ermite et un ascète; vous êtes « le bon curé » de la paroisse positiviste, l'évêque de la science naturelle.

Ce n'est point assez. L'ermite doit devenir cénobite.

Humains, hommes spirituels, nous sommes appelés à réaliser ce commandement suprême, qui est le propre *desideratum* de notre nature, l'unité : *Unum sint !*

Aussitôt après le départ de Jésus-Christ, ses disciples constituèrent cette unité sociologique parfaite :

« Tous les croyants, associés dans la même prière, rompant ensemble le pain de la communion supersubstantielle, étaient un même cœur, une même âme, et tous les biens étaient

(1) Fable dernière, xii, 22.

fraternellement partagés entre tous, selon les
besoins de chacun, dans l'ordre de la vie
commune (1). »

Le R. P. Olivaint, dont vous nous parlez
avec un respect si fraternel, a eu, dans sa
Compagnie, la joie d'une communion amicale
et religieuse plus intime et plus cordialement
religieuse que vous n'en pouvez trouver parmi
vos disciples, qui pourtant vous aiment et
vous honorent.

Je sais bien que, dans le dernier mot de
votre histoire psychique (2), vous vous dé-
clarez heureux d'être où vous êtes, dans la
communion positiviste. Mais, vénérable frère,
nous ne sommes pas heureux, nous, d'être où
vous n'êtes pas, dans l'ordre d'édification où
ne concourt pas votre grande force, dans la
paix catholique où nous ne sentons pas battre
votre cœur contre le nôtre. Vous nous man-
quez dans l'Eglise; et c'est pourquoi je vous
appelle, en cherchant à vous remettre en mémoire combien il y a de choses communes
entre notre ciel et le vôtre.

Dieu me garde de vous offrir le confessionnal

_____

(1) Actes, I-IV. .
(2) *Pour la dernière fois.* Revue de la philosophie po-
ive, Mai-juin 1880, p. 342.

du R. P. de Ravignan : je n'y aurais pas été
pris, pas plus que vous, moi qui suis revenu
de bien plus loin que vous, *de regione longin-
qua.* D'ailleurs, qu'auriez-vous tant à confesser ?

Je n'ose pas dire que vous soyez sans péché :
le plus indulgent des apôtres nous interdit
cette confiance. En vérité, nous avons tous de
commun ceci : la commune faiblesse. Mais je
sais que vous abondez, vous, en charité et en
bonnes œuvres : *Scio opera tua.*

Je sais, par mon vieil ami, le Dʳ Charles
Pellarin, et par sa femme, votre sœur, et par
tous ceux qui vous connaissent, que vous avez
toutes les vertus naturelles ; et je crois, au
nom du théologien de l'Amour (c'est ici l'originalité de mon épître), je crois, je vois, je
sens que vous avez, par-dessus les naturelles,
beaucoup de grandes vertus surnaturelles.

En effet, saint Jean nous répète (ɪ, 9) ce
que Jésus nous avait affirmé dans le Sermon
sur la Montagne, à savoir que « la Toute-
Puissance universelle fait lever son soleil sur
tous les êtres, illuminant tout homme qui vient
en ce monde (1).

(1) Saint Jean, ɪ, 9 ; I, ɪ, 10. Saint Paul, Rom., xɪ.

Et que produit l'action de ce grand foyer externe, illuminant notre nature terrestre ? L'astre central, avec sa force vivifiante, donne aux fruits le perfectionnement de leur succulence et la splendeur de leur coloration.

Ainsi en est-il du soleil des esprits, — s'il y en a un.

Vous n'admettez, vous, comme agent d'une révélation permanente et de l'épanouissement supérieur de l'humanité, que la force immanente. C'est ce que saint Grégoire nomme « le brillant rayon de la lumière interne », selon cet enseignement du Christ: « Le royaume de Dieu est au dedans de vous (1). »

Nous verrons, plus loin, si l'un des foyers ne suppose pas l'autre. Pour l'instant, bornons-nous à constater que, si de nos cieux opposés, scientifique et théologique, nous vient une même respectueuse cordialité, nous allons voir nos deux foyers produire en nous, par surcroît, des vues communes dans le domaine de l'intelligence.

(1) *Interni luminis radius refulgens. Intra vos est: in vestris affectibus,* ajoute saint Cyrille. *Catena aurea, in Luc.,* XVII.

COMMUNE RECHERCHE DE LA VÉRITÉ.

Remettons-nous sous les yeux la distinction de saint Grégoire le Grand.

Non seulement il y a ciel et ciel au point de vue du cœur ; mais encore il y a ciel et ciel au point de vue de l'intelligence.

L'intelligence peut être mal éclairée par les ténèbres ambiantes ; et aussi peut-elle être obscurante par sa personnelle faiblesse.

La Congrégation Sacrée qui a condamné Galilée n'avait point l'esprit catholique, et ses membres se firent, quoique romains, les apôtres d'une grosse erreur. Par aventure étrange et providentielle, le Pape n'a point autorisé formellement cette sentence : sa signature fait défaut sur le malheureux parchemin. Du reste, Urbain VIII partageait l'opinion des inquisiteurs, absolument comme l'illustre auteur de l'*Instauratio magna* et du *Novum organum*, « le père de la philosophie expérimentale », le chancelier Bacon, qui se moquait publiquement de la crédulité de Galilée et de la découverte du pieux chanoine Copernic.

Dans ce cas, l'obscurité commune aveuglait des hommes d'élite; et à plus forte raison le commun des martyrs de l'ignorance dut-il prendre parti contre un grand martyr de la science.

Il y a des esprits ronds, étroits, timides, qui n'ont ni pénétration, ni étendue, ni élévation; et il y a des esprits éveillés et plus vifs, et plus larges et plus élancés, qui sondent, embrassent et dominent le domaine de la science dans toutes ses dimensions, aspirant à tout comprendre, *quæ sit latitudo et sublimitas et profundum.*

Les Juifs de l'Horeb et du Sinaï ne voient de Dieu que son ombre, ses proportions indécises et ses formes obscures : *posteriora Dei.*

Les chrétiens du Calvaire et de Sion ont vu et veulent contempler l'homme céleste, l'Homme-Dieu vivant, dans sa splendeur et dans sa rayonnante beauté : *vidimus gloriam ejus,... facie ad faciem.*

Donc, la foi sincère, la foi parfaite s'en va cherchant l'intelligence; c'était un axiome de la théologie en pleines ténèbres du moyen âge : *fides quærens intellectum.*

La foi ne précède que pour débrouiller, pour assurer et hâter le développement de la raison.

C'est l'éclaireur du corps d'armée. La foi ouvre les horizons à l'espérance ; elle donne l'intuition plus prompte des réalités futures. Et la foi produit en nous la charité, par quoi nous sommes introduits dans l'ordre de la liberté. La charité, plus parfaite que la foi même, est le foyer de la science intégrale (1).

Vous le comprenez, mon frère très religieux, puisque vous nous conviez à « aimer, connaître et servir l'humanité. »

Voilà une devise qui vous est commune avec tous nos catéchistes.

Mais notre catéchisme, à la différence du vôtre, fait passer en premier rang la connaissance. Le théologien dit : La foi sollicite l'homme à « connaître, aimer et servir Dieu. »

Est-ce à dire que la jeunesse chrétienne doive s'en tenir à la connaissance de Dieu ?

S'il était vrai, pourquoi le Christ aurait-il assimilé l'amour du prochain à l'amour de Dieu ?

Or, pour aimer et servir, il faut d'abord connaître. Et même faut-il connaître et bien connaître l'homme et toute la nature, pour mieux connaître Dieu. C'est ce qu'enseignent les anges dans notre ciel théologique.

(1). Saint Anselme. Hébr., xi.

« Nous avons pour devoir, disent saint Thomas et saint Augustin, de chercher et de trouver la science universelle ; car, tant que nous
ne la connaissons pas, nous ne parvenons pas
à la pleine connaissance de Dieu, *et l'erreur
relative aux créatures fausse la science que l'on
possède sur Dieu* (1). »

Donc, la science naturelle, humaine, divine,
voilà ce que nous cherchons ; « c'est par ce
moyen que l'on parvient à la vie éternelle. »

En un mot, notre Dieu, l'Homme-Dieu, Fils
de l'Homme, est le Dieu des sciences, de la
Science, ou il n'est pas !

Si nous produisons en son nom des erreurs
et des ténèbres, ou même des demi-jours en-
fumés et sinistres, c'est que nous ne sommes
pas ses libres enfants, c'est que nous ne sui-
vons pas l'impulsion de ses apôtres, qui nous
crient encore et toujours : « Nous ne sommes
pas les fils de la nuit et des ténèbres : progres-
sez donc comme enfants de la lumière (2). »

Notre croyance, c'est que nous avons tous
au-dessus de nous un principe commun de Vie,
de Lumière, de Calorique et de Puissance ; et

(1). Summa C. G. L. II, c. III. De anima, IV, 4.
(2). Saint Paul, Eph., V, 8 ; I Thess., V, 5 ; saint Jean,
I, I, 5, 7.

notre foi devrait être singulièrement agréable aux savants du siècle des lumières, puisque ce Principe vital du genre humain a tout particulièrement éclaté avec le caractère « d'un grand foyer lumineux dissipant les ténèbres »; et que, sous son influence, l'Humanité apparaît rayonnante de splendeurs. *Christus, lumen vitæ, sol justitiæ. Mulier, amicta sole* (1).

« Jésus-Christ est-il Dieu ? est-il l'Homme-Dieu ? » On peut répondre : non ! et se refuser à reconnaître en lui la divinité; on peut, faute d'avoir bien cherché, ne pas trouver en lui le suprême foyer de la vérité : mais nier en lui l'amour de la Vérité, c'est impossible. La Vérité, c'est son affection, son idée fixe, sa source même.

« Je suis né, dit-il, et je suis venu dans le monde, pour rendre témoignage à la Vérité.

« Je suis la Vérité, et j'en suis la voie.

« Et mon œuvre progressera et aura son accomplissement dans l'Esprit de la Vérité (2) ».

Si Jésus n'est pas la Vérité surnaturelle, il est du moins, certainement, l'homme qui a le

(1) Saint Matth., IV, 16. Saint Jean, I. II, 2; III. 5, Apoc. XII, 1.

(2). Saint Jean, XIV, XV, XVIII.

plus aimé, cherché et montré du doigt la Vérité naturelle.

C'est le soleil des belles intelligences, des bonnes natures.

On peut, comme Proudhon, dans un emportement d'aberration, hurler : « Dieu, c'est le mal ! » et entraîner les nihilistes à leur énorme bévue.

On peut, comme Voltaire, tourner le dos au soleil vivifiant, et précipiter les esprits légers dans le septicisme.

On peut, comme Béranger, se mitonner un tiède *bon Dieu des bonnes gens.*

On peut, comme Auguste Comte et Littré, droit planté devant la face de l'Eternel et digne de le contempler, lui fermer les yeux, ô douleur !

Quoi qu'on fasse, l'astre de la vie nous enveloppe et nous embrasse tous, illumine nos fronts, pénètre nos membres, réchauffe nos cœurs.

Il arrive, parfois, que le plus rebelle des grands esprits de la terre, à l'heure même où il regimbe le plus résolûment contre l'aiguillon, est par préférence rempli des rayons de l'Esprit du ciel : *Electio consecuta est*

C'est votre cas, fils de saint Paul.

C'était même un peu le cas de Béranger ; car c'est de lui que m'est venu le premier éveil.

J'en étais à l'idolâtrie de Charles Fourier, lorsque parut la chanson des *Fous*.

Il y avait, dans ce temps-là, de dévots personnages, pleins de zèle et d'éloquence foudroyante, qui, à force de pulvériser, au nom de Dieu et de leur synagogue, la théorie de l'*attraction proportionnelle aux destinées*, éloignaient les disciples de Fourier du Christ et de son Eglise.

Quelle joie, pour nous, d'entendre un vrai poète résumer, dans un simple couplet, avec tant de justice et d'exactitude, l'intuition du rêveur de l'*unité universelle!*

« Fourier nous dit : Sors de la fange,
Peuple en proie aux déceptions.
Travaille, groupé par phalange,
Dans un cercle d'attractions.
La terre, après tant de désastres,
Forme avec le ciel un hymen ;
Et la loi qui régit les astres
Donne la paix au genre humain. »

Et Béranger m'ayant ainsi touché le cœur par son respect pour le Philosophe naturaliste que j'aimais, je me laissai conduire par ce chansonnier, hélas ! rarement édifiant, à contempler le Crucifié :

« Sur la croix que son sang inonde
Un fou qui meurt nous lègue un Dieu. »

Deux beaux vers, qui me remirent en mémoire cette déclaration de Fourier :

« Jésus-Christ est le Messie. »

Vous voyez, mon très cher incrédule, que je suis revenu à la croyance par des voies étranges, *non secundum consuetudinem ingressus.*

Et me suis-je engagé dans cette voie nouvelle par un faux pas ? ai-je fait une chute dans la foi superstitieuse et fumeuse du charbonnier ? Ma foi, non, en vérité, non ! Si j'ai salué le soleil des chrétiens, c'est que j'ai reconnu dans ses clartés les rayonnantes vérités que la raison naturelle avait tirées de l'observation et de l'expérience, *ex sensibilibus.*

Qu'étions-nous, en général ? des fils de Voltaire ou de Rousseau ; des disciples de Condorcet et Saint-Simon, de Fourier ou d'Auguste Comte. Et voici les idées principales qui nous agitaient tous, pêle-mêle, dans la fournaise de la libre pensée :

Unité de loi,
Analogie universelle,
Pluralité des mondes,
Ordre sériaire, concert harmonieux des êtres,
Hiérarchie naturelle, pivot d'action.

Avec cela, on commence à vivre.

Or, dès mon premier coup d'œil sur le foyer catholique, je m'aperçus que, bien loin de nous retirer ces principes de vie rationnelle, le Christ nous conviait à nous en alimenter plus abondamment, *et abundantius*.

Nous ne nous doutions pas, nous, de l'Ecole sociétaire, que cet élément de vie intellectuelle nous était commun avec la société des chrétiens. Les disciples de Saint-Simon et d'Auguste Comte étaient, à cet égard, beaucoup mieux éclairés que nous, ayant beaucoup plus étudié l'histoire progressive de l'Humanité. Et ce que n'a pas éclairci votre principal précurseur, l'infortuné Condorcet, vous l'avez produit en pleine lumière. L'Ecole saint-simonienne et l'Ecole positiviste ont mis à néant les ruptures brutales de Luther et de Voltaire, qui devaient aboutir, sur la montagne conventionnelle, à l'enfantement ridicule du *Calendrier français;* étrange mesure des saisons restreinte à l'hémisphère septentrional, qui appelait, en France, frimaire et nivose les mois où le soleil tropical embrase l'Ile de France; monstrueuse mesure de l'évolution et du progrès humains, qui supprimait l'ère chrétienne... *Ridiculus mus !*

Il ne s'agit plus aujourd'hui *d'écraser l'In-fâme;* car la critique récente, la plus hostile au surnaturel, s'ingénie à nous expliquer dans sa réalité positive la figure de Jésus, qu'un Allemand nuageux avait effacée de l'histoire réelle; et M. Renan glorifie comme le code moral le plus accompli, la doctrine chrétienne, que rêvent d'enterrer quelques politiciens insensés.

Vous, Monsieur, et Auguste Comte, longtemps avant l'auteur de la *Vie de Jésus*, vous avez produit « l'explication historique de l'ensemble du moyen âge » (1), et dans un esprit d'impartialité incomparable.

Un autre esprit puissant, le plus savant des disciples de Fourier, donnait, après vous, une semblable impulsion à la libre pensée. Le docteur Hugh Doberty arriva d'Irlande et des Etats-Unis pour nous dire, absolument comme les Pères de l'Eglise : « La Bible et la nature, voilà les deux livres du ciel et de la terre, dans lesquels nous devons apprendre à lire (2). »

C'est donc, mon très honoré maître, grâce à

_____

(1) *Philosophie positive*, tome V. *Le moyen âge et les Barbares.*

(2) *Cosmologie comparée*, en anglais. Un sommaire en français est sous presse.

l'initiative de votre sagesse érudite que, pour
ma part, je me mis à chercher la vie plus
abondante, un peu partout, même dans les
Ecritures judéo-chrétiennes . *Tolle et lege*,
avait dit à saint Augustin la Révélation (externe ou interne); et saint Paul recommande,
comme vous-même, de tout soumettre à notre
libre examen et de retenir ce qui mérite l'acquiescement raisonnable (1).

Et je me sentis à l'aise pour contrôler les
Prophéties par l'observation positive, ayant
lu, dans la Somme théologique de l'Ange de
l'Ecole, ces paroles considérables, que le Jansénisme a fait perdre de vue à bien des catholiques français :

« Le principal, c'est la nature. La nature est
ce qu'il y a de premier dans chaque être. Ce
que la nature, dans l'homme, veut nécessairement, immuablement, c'est le bonheur (2). »

C'est donc dans le champ de la nature que
nous allons à la recherche de la vérité; c'est
la nature dont nous voulons pénétrer ensemble
la science : et ma conviction est que la Théologie n'a pas d'autre objet, pour nous, que de
nous éclairer sur nous-mêmes, et sur notre

(1) Rom., XII, 1; Thess., V, 21.
(2) *Somme Théologique*. De la volonté, 9. 82.

domaine, et sur notre avenir. La révélation, dit saint Thomas, intervient pour nous faire parvenir plus droitement, plus sûrement et plus vitement à l'accomplissement de notre destinée, à l'épanouissement de la vie, à la plénitude de l'être, à la délivrance de tout mal et à la possession de la divine liberté.

Il ne suffit pas de laisser derrière nous l'œuvre de la religion : il s'agit de l'étudier à fond, comme ont fait Auguste Comte et Littré, pour retenir ce qu'il y a de bon dans le temps passé ; et il importe, en outre, de considérer avec respect et affection les rapports qui peuvent encore exister entre l'âge théologique et l'âge scientifique.

Que la Bible soit d'en bas ou d'en haut, c'est une réalité, un fait positif, un champ cultivé autrefois, longtemps, jusqu'à nos jours ; et nous devons à nos ancêtres, nous nous devons les uns aux autres, de chercher le bon grain partout où il se trouve, pour le rapporter au trésor commun de l'humanité.

Si nous pouvons, nous, montrer à vous que la Théologie a tendu la main à la science positive, le ciel scientifique sera-t-il bien venu à repousser cette main fraternelle ?

J'ai trouvé, dans la *Somme Théologique* de

saint Thomas tous les principes fondamentaux de la *Théorie de l'unité universelle de* Charles Fourier. Le Théorème des *Attractions proportionnelles aux destinées* est exactement posé dans cette formule ecclésiastique : « *Les moyens sont proportionnels à la fin.* » Quant à l'autre Théorème, où s'explique la Doctrine phalanstérienne : « *La série distribue les harmonies* », Fourier lui-même s'est chargé de nous présenter comme type de l'ordre sériaire la constitution hiérarchique de l'Eglise catholique. *Série, hiérarchie,* c'est tout un.

Or, quand saint Denys l'Aréopagite, mis à notre portée par Mgr Darboy, m'est venu dire que la Hiérarchie terrestre doit être et sera à l'image et ressemblance de la Hiérarchie céleste, pourquoi aurais-je rejeté avec mépris l'intuition, l'hypothèse d'un ciel qui s'adapte à notre terre et l'embrasse harmonieusement ?

Qu'il plaise aux théologiens de partir de la contemplation de choses à nous invisibles, qu'importe aux savants, si leurs frères visionnaires, descendant de l'incogniscible, en viennent à confirmer et même à prévoir d'avance les vues expérimentales des physiciens ?

Saint Paul, comme saint Thomas d'Aquin,

avait ses deux *Sommes,* théologique et natu-
ralogique. Parlant aux Hébreux, il leur dit
que la foi est l'indication et l'argument des
choses non encore apparentes. Mais quand il
s'adresse aux Gentils, qui n'ont point la foi
au vrai Dieu, il leur déclare que l'expérience
des choses terrestres et sensibles est la base
positive d'où l'homme raisonnable s'élève à
l'intelligence des invisibles (1).

Or, il me semble que les savants de notre
siècle voient la nature, à beaucoup d'égards,
telle que l'avaient entrevue les Pères de l'E-
glise, dans un âge scientifique obscur, indécis
et encore enfantin.

(1) Hebr., xɪ; Rom., ɪ.

PREMIÈRE PARTIE

NOS ACCORDS

Les cieux racontent la gloire de Dieu, et le firmament terrestre annonce les œuvres de ses mains.

> Psalm. XVIII.

L'intelligence humaine peut et doit comprendre les choses invisibles de Dieu par la science des choses visibles, telles qu'elles sont depuis la création du monde.

> S. Paul. Rom. I.

Pleins d'espérance, croissant dans la grâce et croissant en science, hâtant le pas vers le jour de l'avènement du Seigneur dans sa gloire, nous attendons de nouveaux cieux et une terre renouvelée, dans lesquels la justice habite.

> S. Pierre. II Ep. III.

Et je vis le ciel nouveau et la terre nouvelle, la sainte Cité nouvelle descendant du ciel et du sein de Dieu.

> S. Jean. Apoc. XXI.

CHAPITRE PREMIER

COSMOLOGIE

VUES COMMUNES SUR L'UNIVERS

§ 1.

UNITÉ UNIVERSELLE

« Le mot *ordre* résume toute la science, » dit l'un de nos jeunes savants, à la fois très naturaliste et très surnaturaliste ; et, depuis dix-huit siècles, l'Eglise a résumé dans le *sacrement de l'Ordre* toutes les harmonies architectoniques de sa Hiérarchie, type humain et divin de l'Unité universelle.

L'UNITÉ UNIVERSELLE !

Il n'est pas de parole qui soit plus catholique, en même temps, et plus positiviste. C'est une idée désormais acquise par la Science ; c'est une langue que tout le monde parle, depuis le matérialiste Haeckel, jusqu'aux philosophes spiritualistes Janet, Vacherot, Renouvier, et jusqu'aux savants catholiques Moigno et Secchi. La notion est si évidemment belle, que Eugène Pelletan dispute à Edgard Quinet la gloire de sa découverte. Sur quoi un savant plus sérieux proteste et réclame :

Ah ! Monsieur le sénateur,
Je suis votre humble serviteur.

« C'est moi qui vous ai initié, il y a plus de vingt ans, à cette vision radieuse (1). »

Victor Meunier a incontestablement l'honneur de la priorité ; mais il tient son flambeau de son maître Geoffroy-Saint-Hilaire, qui le tenait de Goëthe, qui le tenait de Schelling ; et Cuvier avait admirablement démontré, dans son *Anatomie comparée,* la loi de l'Unité universelle, que Charles Fourier étend de l'homme à la pierre et de l'homme à Dieu.

Draper, arguant l'Eglise d'ignorance, nous cueille comme un fruit nouveau, sur l'arbre encyclopédique du xviiie siècle, ce mot de d'Alembert :

« L'univers n'est qu'un fait unique, une seule et grande vérité. »

(1) De Lapparent. *Les enseignements philosophiques de la Science.*
Quinet. *Loi de la création.*
Pelletan. *Confession de foi du xixe siècle.*
V. Meunier. *Revue scientifique.*

Le secrétaire de l'Académie des sciences modernes croyait-il avoir fait sa trouvaille sous le lustre de Voltaire ? Il sait aujourd'hui à quoi s'en tenir, s'il a assez regretté ses préjugés, pour mériter de converser, *in cœlis,* avec les premiers Pères de l'Eglise.

Origène exposait ainsi ses vues sur l'univers :

« Le monde est un composé d'un grand nombre d'êtres, mais qui, merveilleusement ordonnés les uns par rapport aux autres, s'enchaînent, se soutiennent mutuellement, concourent à la même fin, et forment, au milieu d'une variété infinie, un tout admirablement construit. Nous concluons de cet ordre harmonieux du Cosmos à l'unité de son principe (1). »

Parler ainsi, ce n'est pas seulement descendre du ciel théologique; c'est planer en plein ciel scientifique.

Avant Origène, un poète païen, noble amant de la Nature, avait chanté à peu près dans le même ton :

> Spiritus intus alit; totamque infusa per artus
> Mens agitat molem et magna se corpore miscet.

Et, bien avant Virgile, Sophocle avait ex-

_____

(1) Contre Celse, I, 23.

primé, aussi fermement que Moïse, la doctrine de l'unité du Cosmos :

Εἴς ταῖς αληθείαισιν, εἴς εστιν θεός,
Ὃς οὐρανὸν τέτευχε, καὶ γαῖαν μακράν...

Les plus grands génies d'Athènes, de Rome et d'Alexandrie parlaient la même langue que les prophètes de Jérusalem.

« L'esprit du Seigneur remplit le ciel et la terre. Seigneur, dans toutes vos œuvres vous opérez avec nous ! » Tel est le cri de Salomon, d'Isaïe, de Jérémie ; et c'est celui de Sophocle : « Dans toutes les réalités, la toute-puissante lumière céleste est présente, et Dieu anime le ciel et la terre. »

Saint Thomas d'Aquin résume dans un même esprit tout l'enseignement théologique à la fois et scientifique, que le moyen âge avait reçu des Hébreux, des Gentils et des apôtres du Christ :

« Le monde est un. Tout ce qui existe est disposé de manière que toutes les créatures sont liées et subordonnées les unes aux autres. Comme elles sont différentes, elles ne concourraient pas à un seul ordre, si elles n'étaient réglées par un Être unique, dont la providence

dispose tout avec douceur, conformément aux
inclinations naturelles des êtres (1). »

Peut-on concevoir un principe d'unité plus
favorable à la liberté ? Un chef d'ordre gou-
vernant ses subordonnés au gré de leurs inclinations particulières! C'est la doctrine des
attractions de Charles Fourier; c'est le dési-
deratum de tous les naturalistes modernes :
et les positivistes n'y contrediront pas.

§ 2.

VARIÉTÉ : ANALOGIE UNIVERSELLE

Une autre notion acquise à la science, c'est
que l'unité implique la liberté, l'individualité,
la variété.

Mais, pour que puisse coëxister avec la variété l'unité, il faut qu'entre toutes les indivi-
dualités il y ait des rapports, des concordances,
des ressemblances, des analogies. Et c'est
pourquoi Charles Fourier associe ces deux
vues sur le Cosmos :

Unité universelle,

Analogie universelle.

(1) *Somme théologique,* 1ª, p., 9. 103, et *passim.*

« L'univers, dit-il, est fait à l'image de Dieu, et l'homme est le miroir de l'univers, et tous les êtres des règnes inférieurs sont des reflets de l'humanité. »

Mais laissons Dieu, pour le moment. Schelling avait dit, comme Goëthe : « L'univers est fait sur le modèle de l'âme humaine ; la même idée se réfléchit du tout dans chaque partie. »

Et comLien d'autres ont chanté d'une même voix concertante : « Tout est lié dans le système de l'univers. »

Avec les désirs de tous les cœurs, les découvertes de toutes les sciences convergent vers cette commune vision.

§ 3.

HARMONIE UNIVERSELLE

Fourier, qui s'avouait ignorant, croyait avoir le premier découvert la loi de l'Analogie universelle. Vous, savant, vous pouvez apprendre à ses disciples que, du IIe au XVIIe siècle, depuis la *Clavis Scripturarum* de saint Méliton et les *Moralia* de saint Grégoire le Grand, jusqu'à la *Sylva allegoriarum* des Bénédictins de Saint-Maur, l'Eglise a consacré d'innombrables in-folios à la *Théologie symbolique*.

« Saint Grégoire le Grand, le suprême hiérophante de la Symbolique, nous dit : « L'Ecriture, dans un seul et même mot, raconte un fait et indique un mystère, et sous un fait ancien prédit une chose future ; et ainsi décrivant des actes accomplis dans le passé, annonce même ce que nous avons à faire dans l'avenir (1). »

Il semble que nous nous perdions là dans les nuages du mysticisme. Mais le calcul des probabilités ne tire-t-il pas des faits passés des prédictions rationnelles sur les choses à venir ? Un botaniste observant une graine, en voit d'avance sortir l'arbre tout entier. Si tout est lié dans l'univers, pourquoi le génie humain, en présence d'un phénomène actuel positif, ne dévoilerai-t-il pas le mystère d'une autre réalité future ?

Ce que le théologien saint Grégoire a fait sur le Verbe de la Bible, le naturaliste Charles Fourier l'a appliqué au Verbe de la Nature.

Regardez attentivement, considérez, méditez, et vous reconnaîtrez que le plus sensualiste des libres penseurs modernes et le plus

_____

(1) Dom Pitra, *De re symbolica*, Prol. VI.

mystique des Pères de l'Eglise trouvent, l'un dans le ciel, l'autre sur la terre, la même loi d'unité, la même psychologie comparée, la même analogie universelle.

« Dieu étant un, dit le plus savant de nos Bénédictins, le cardinal Pitra, il y a dans la nature unité universelle.

« L'unité universelle a pour agent l'esprit de vie et d'intelligence, *pneuma, nous*, esprit mystérieux, qui manifeste son universalité par un symbole, un signe, *Séméïon*.

« Ainsi toute chose corporelle a un sens moral, une *moralité*, c'est l'expression de saint Grégoire le Grand ; et de là, tous les mots qui expriment cette science spirituelle : *emblème, apologue, parabole, énigme, gnose, physiologie, anagogie, allégorie, tropologie* (1). »

Toutes expressions profondément analysées dans le *Dictionnaire* de Littré, et que Charles Fourier résume dans son mot, *analogie universelle*, qu'il nomme « *La science de la psychologie comparée ;* science naturelle, intégrale, découvrant les causes cachées dans les effets, le lien de l'unité de loi dans la variété des phénomènes. »

(1). *Spicil. Solesm., De re symbolica.*

Pour Fourier, l'Analogie est une science qui cherche et trouve dans les allégories de la terre les tropologies du ciel; et dans toute la nature, l'esprit même de Dieu.

— Bon : les deux font la paire, vont crier les économistes utilitaires; Grégoire et Fourier, deux fous, que le rationalisme met à la raison !

— Ma foi, vivent les fous ! et au diable la raison, quand, séparée du cœur et des sens, elle demeure froide et pâle, sans floraison, sans parfum ! Nous verrons plus loin quelle valeur peuvent avoir la raison de Descartes et les raisonnements de Port-Royal devant le tribunal des positivistes.

Que des métaphysiciens à outrance hésitent à voir aucune impression de Dieu ou de l'Humanité dans la nature physique, cela se conçoit; mais les positivistes ne peuvent, sans inconséquence, nier que les êtres variés se réfléchissent les uns dans les autres; et vous, leur maître, vous êtes bon pour leur enseigner que le symbolisme est vieux comme la parole humaine.

« Le monde, disent nos Pères, est un grand livre, sur lequel il semble qu'une main savante, d'une écriture très belle, a décrit les ornements de son Auteur. »

Otez l'Auteur : reste l'ouvrage, le *Cosmos*, un mot qui porte sur sa réalité l'auréole de la beauté.

L'Egypte, dans ses hiéroglyphes, cultivait une langue symbolique. Israël avait ses arcanes naturels et divins, conservés par les prophètes et les lévites dans les communautés des Nazaréens et des Esséniens, et dont la tradition se retrouve encore au xIIᵉ siècle, dans le très savant écrivain juif, Maïmonide. Jésus-Christ n'enseigne la vérité morale que dans des paraboles, et surtout quand il parle aux foules, parce que les âmes du peuple, plus simples, sont plus accessibles au langage de la nature.

Otez l'Homme-Dieu : reste le Prophète.

Otez le Prophète : reste le Poète; et vous n'êtes pas homme à le chasser de votre République.

L'Analogie, c'est la langue des poètes, qu'ont admirablement maniée les Grecs; et puisque nos libres penseurs nous veulent restaurer à l'image d'Athènes, comment la science moderne fermerait-elle les jardins de son Académie à l'Abeille attique et à la Colombe judéochrétienne ?

La symbolique est la fleur et l'arome du

grand Art, dont la renaissance préoccupe si vivement votre noble cœur. L'analogie universelle, c'est le signe de l'esprit de vie planant sur les eaux, enveloppant les êtres de son ombre mystérieuse, pénétrant les âmes spiritualisées; et il faut en tenir compte sérieusement pour édifier la Sociologie. Nous en avons pour garant la sagesse de la science la plus positive. Nous lisons dans une étude récente de l'un de vos disciples : « A Auguste Comte revient l'honneur d'avoir mis hors de doute l'intime lien qui unit la science de la vie avec la science de la société (1). »

Donc, sur ce point, le fondateur du Positivisme confirme la mystique de saint Grégoire et la fantaisie de Fourier.

Unité et analogie, ces deux idées sont tellement connexes, que la conception de l'unité universelle a fait épanouir dans tous les grands esprits la vision de l'analogie universelle. Auguste Comte et vous, Hugh Doherty et Herbert Spencer et Schœffle, tous vous avez, par comparaison, tiré la sociologie de la biologie, et cherché dans le corps humain et dans le cosmos une image de la société.

(1) Alfred Fouillée, *Revue des deux Mondes.*

M. Fouillée fait remonter cette imagination
à Jean-Jacques Rousseau et à Shakespeare (1).
Qu'il nous permette de lui remettre en mémoire la fable de La Fontaine : *Les membres
et l'estomac,* renouvelée de Ménénius ; et de
recommander à son étude le xiiᵉ ch. de la
Iʳᵉ Corinthienne, où la société est comparée à
l'homme et au corps humain ; et de renvoyer
son œil positif à la vision de saint Jean, en
pleine Apocalypse, commentée par tous nos
théologiens, qui n'ont pas cessé de voir dans
la Femme sainte l'image de la société parfaite,
digne de servir de demeure à l'Eternel. Et les
artistes ont fait comme enseignent les théologiens ; et toute l'humanité, concertant avec ses
élus, a prévenu les conclusions de la science
moderne et d'avance confondu la Femme divine et la Cité sacrée sous un même nom :
Parthenos, Athéné, Notre-Dame (2).

Mon cher maître, n'ai-je pas le droit de conclure que l'analogie universelle est un bien
commun du ciel scientifique et du ciel théologique, et que le positivisme et le mysticisme

(1) *Ecyclopédie,* art. Economie politique. Troïlus et
Cassida.

(2) Apocalypse, xii, xxi. Morales de saint Grégoire sur
1 Rois et *passim. Summa aurea de laudibus B. V. Mariæ.*

sont conduits à se donner le baiser de paix dans le temple de la poésie ?

§ 4.

FIXITÉ DES LOIS

CONTINUITÉ DES PHÉNOMÈNES

Une autre acquisition de la science moderne, c'est, dans l'unité, la *fixité des lois*. Voici la formule générale du savant Prussien Hæckel :

« Le sentiment, chaque jour plus profond, de la causalité universelle, du développement de la continuité dans la nature ; enchaînement universel des causes et des effets. »

On sait que Hæckel pousse sa visée jusqu'à la contemplation de la pure matière. Rien de plus fixe et de moins mobile et de moins fantaisiste.

Et le savant anglo-américain Draper invoque contre la théologie du Pape la philosophie de Cicéron : « Une loi éternelle et immuable embrasse les choses et les temps. »

Entre le rationaliste antique et le matérialiste moderne, nous allons entendre l'Ange de l'école théologique affirmer la continuité et l'immuabilité de la vie et la causalité universelle.

« La volonté de l'Eternel est immuable et indéfectible.

« Les mouvements des corps animés dans l'univers sont continus et invariables.

« Le Destin est une disposition inhérente aux êtres muables, imprimée par la Providence.

« Rien ne s'anéantit.

« La durée infinie des êtres est une conséquence de la puissance infinie de Dieu. Car, dit saint Paul, le Seigneur supporte toutes choses par le Verbe de sa sagesse.

« La loi éternelle est la raison de la sagesse éternelle, qui dirige tous les actes et tous les mouvements des créatures (1). »

La qualité et la forme du principe directeur seront cherchées plus loin. Que ce soit comme dit Claude Bernard, « une idée directrice au sein de la sensibilité universelle », ou, comme veut Haeckel, « la Matière élémentaire », ou, comme semble incliner à le penser Littré, « un principe d'amour » : toujours est-il que la Science est d'accord avec la Théologie, pour enseigner que, sous un moteur quelconque, la continuité dans la nature dépend de lois fixes

(1) Saint Thomas d'Aquin, *Somme philosophique*, l. i, c. 23, 75, 76; l. iii, c. 91. *Somme théologique*, 1ᵉ p., q· 104, iv; q. 93, 1, 0.

et de causes immuables, ordre à ce point nécessaire que saint Thomas et Boëce y recon-
naissent le caractère du Destin.

Nous verrons, dans la deuxième épître, en
traitant du miracle, s'il y a incompatibilité
absolue entre les causes finales et l'évolution
du transformisme, et si la *règle* de la fixité ne
comporte pas l'exception.

§ 5.

LE MOUVEMENT ET LE PIVOT D'ACTION

Enfin, il est une autre vérité acquise et démontrée par la science, c'est que tout dans
l'univers est mouvement, et même que le mouvement serait le principe de la vie et de l'ordre.

Or, il y a beau temps que saint Paul a écrit :
« Même quand nous cherchons le Dieu inconnu
comme à tâtons, quoiqu'il ne soit pas loin de
chacun de nous, c'est en lui que nous avons
l'être, le mouvement et la vie. »

In eo movemur.

Et Jésus-Christ avait dit : « Alors même que
j'aurai été exalté hors de terre, j'attirerai tout
à moi (1). »

_____

(1) Actes, XVII, et saint Jean, XII.

Ces paroles impliquent que le mouvement est pour tout être la condition de vie, et le lien même de toutes choses au ciel et sur la terre.

« Doucement ! va nous crier Haeckel : il y a mouvement continu ; mais il n'y a pas de moteur. Il est acquis à la Science qu'il n'y a nulle part création ; donc pas plus de Providence que de créateur. »

L'école positiviste, écartant le Dieu inconnu, a eu la sagesse de prendre pour pivot l'Humanité.

L'école matérialiste, elle, a eu l'idée de remplacer le Monothéisme par le Monadisme.

Or, s'il est vrai que nous ne pouvons pas montrer du doigt et faire toucher au doigt le très haut et inattingible Esprit, il est également vrai que la science la plus laborieuse et la plus pénétrante, à bout de ses analyses, ne peut pas davantage atteindre la monade matérielle. Donc, on ne fait qu'opposer une hypothèse à une hypothèse. A deux de jeu !

Laissons pour l'instant la création, et tenons-nous sur le terrain solide, où l'expérience démontre la réalité du Mouvement.

N'y a-t-il pas, dans les choses en mouvement, une direction quelconque ?

Comment pouvons-nous, dans l'enchaînement universel des causes et des effets, concevoir le mouvement avec l'ordre, sans un foyer d'attraction ou d'impulsion, sans un pivot d'action ?

« Mais, répondent nos adversaires, nous admettons un principe d'impulsion, immanent dans tout être, la monade. »

Ils admettent donc un principe de vie, tout en reconnaissant, de découverte en découverte, qu'ils ne peuvent pas plus aller jusqu'à lui, que nous ne pouvons, nous, aller jusqu'au Dieu dans lequel nous nous mouvons; car « personne n'a vu Dieu. »

« Nul, dit saint Grégoire, ne peut regarder le soleil, sans voile, face à face; et pas davantage le soleil de la justice dans sa splendeur; nous voyons mieux la vertu du soleil sur les sommets des montagnes, et celle de Dieu au front des hommes divins. La vertu de la Divinité, en soi, est comme le soleil au ciel : la vertu de la Divinité dans les hommes est comme le soleil sur la terre. Contemplons donc le soleil de la justice dans notre humanité, sans toutefois renoncer à élever quelquefois nos yeux vers le foyer céleste. »

Ainsi font Haeckel, Paul Bert et compagnie, abaissant incessamment leurs yeux dans la contemplation de la monade matérielle, sans parvenir à baiser des lèvres leur divinité.

Nous qui confessons notre impuissance à pénétrer jusqu'à Dieu, nous marchons à l'aise jusqu'à l'*Homme-Dieu.*

« Qui me voit, voit mon Père. » Ainsi dit Jésus, parlant à Philippe, le plus fort économiste d'entre ses disciples, *rerum æconomicarum intelligentior* (1).

Il a fallu quinze siècles pour que cette idée d'un très haut centre de mouvement théologiquement affirmée par Jésus-Christ, saint Jean et saint Paul, fût confirmée par la science naturelle.

J'ai lu dans un des excellents traités scientifiques de mes chers condisciples Zurcher et Margollé, cette parole de Copernic :

« Nous ne pouvons pas trouver une harmonie plus parfaite qu'en plaçant le flambeau du monde, ce soleil qui gouverne toute la famille des astres, sur un trône royal, au centre du temple de la nature. »

Pourquoi croiriez-vous vous aventurer, en contemplant, sur le trône du monde moral, un prince des esprits, attirant à lui les âmes

(1) Saint Grég., hom. 30. Saint Jean. I, 18; XII, 45.

pour les remplir de vie, d'amour et de félicité ?

Il est possible que de mauvais théologiens, *pseudo-prophetæ,* aient choqué votre esprit juste, en vous offrant une idée falsifiée du soleil spirituel. Quelques docteurs casent, campent et cloîtrent la Divinité à une distance si respectueuse, que l'homme en est réduit à adorer, comme dans une niche très haute, un foyer hors d'atteinte. Basilide et Marcion ont été condamnés pour avoir dit: « Dieu n'est que dans le soleil. » Ce n'est point la faute de l'Eglise romaine, si nos faux prophètes gallicans, imprégnés de cette hérésie, ont autorisé, à l'image de leur ciel menteur, des constitutions politiques, où le Roi-Soleil a pu dire : « L'Etat c'est moi ? » Cette théologie-là, renouvelée des Pharaons, nous a conduits à l'autocratie de Napoléon, qui disait : « L'Europe, c'est moi ! » Et, demain, si on le laissait faire, l'empereur teuton, soufflé par Méphistophélès, crierait: «L'humanité, c'est nous, c'est moi; car j'ai mon titre dans mon nom même : *All-Mann !...* »

Ce n'est pas la faute de l'Eglise romaine, si Descartes, renouvelant du grec une erreur énorme, a renfermé l'âme humaine dans le cerveau ; si mon ancien condisciple, Eugène

Pelletan, libre penseur, protestant et sénateur, a casé l'âme « au centre du fluide nerveux dans la boîte cervicale » (1); si, hier encore, la physiologie gallicane, par l'organe de son maître le plus autorisé, Flourens, faisait de la glande pinéale le Saint-Siège exclusif de l'âme vivante.

Brown Séquard, démolissant de fond en comble l'édifice platonicien et cartésien, démontre que l'activité vitale est partout dans l'homme; et Claude Bernard a produit, avec quelque assurance, l'idée de la *sensibilité universelle*.

Eh bien ! toutes ces vues lumineuses des vrais savants leur sont communes avec les théologiens inspirés.

Ecoutons le maître des théologiens positivistes :

« Tout est en Dieu.

« La matière première est partout, l'universel est partout.

« Dieu est partout, et il est toujours, et il est dans tous les êtres. Je remplis le ciel et la terre, dit le Seigneur.

« Dieu existe intimement en toutes choses,

(1) Profession de foi du xixᵉ siècle.

il opère quelque chose dans tous les êtres.

« Dieu est dans tous les êtres, et comme cause créatrice, et comme loi d'ordre, et comme principe de conservation.

« Et Dieu est partout présent, agissant, réglant, harmonisant, conduisant chaque être à sa fin.

« Dieu a répandu sa sagesse sur toutes ses œuvres : d'où suit que, dans toutes ses œuvres, nous retrouvons l'unité de la loi divine, chacune portant imprimée en elle comme une communication de la ressemblance de Dieu.

« Et pas un de ces êtres de l'univers portant l'empreinte du créateur qui ne nous éclaire sur sa bonté, en nous en présentant l'image. »

Et saint Thomas, passant de la théologie à l'anthropologie, conclut dans le même esprit : « L'âme humaine est dans tout le corps (1). »

En effet, l'homme étant particulièrement et suréminemment à l'image et ressemblance de l'éternel Recteur, il s'ensuit que l'âme vivante est partout dans le corps, comme Dieu est partout dans l'univers.

Nous voici loin de la glande pinéale des pseudo-philosophes et des pseudo-savants ; et

____

(1) Saint Thomas, *Somme théologique*, 1re p., q. viii, art. 1, 2, 3, 4. Sagesse, i. Jérémie, xxiii.

conséquemment (car l'homme fait la cité naturelle et divine à son image), nous voici loin de l'absolutisme royal et du despotisme impérial et de la tyrannie jacobine. L'Etat-Roi, ce n'est plus un César, ni une aristocratie, ni le tiers bourgeois, ni le quart démagogue : le peuple royal, c'est tout le monde, hommes, femmes, enfants.

C'est la parole de Jésus-Christ : « Vous êtes tous frères... qu'ils soient un, comme nous sommes un en Dieu. »

C'est l'enseignement de saint Pierre, parlant à tous : « Vous êtes la race des élus, le sacerdoce royal, la nation sainte, le peuple conquis à Dieu ; pour avoir en Dieu, ajoute saint Paul, l'être, le mouvement et la vie. »

Et l'acte du Vicaire de Jésus-Christ confirme l'enseignement, lorsqu'il convie tous les disciples à élire le remplaçant de Judas dans l'apostolat.

Et la pratique de l'Eglise enseignante est restée conforme, puisque, de l'aveu de votre ancien condisciple Adolphe Guéroult, « la société catholique est la seule qui, depuis 1800 ans et sans interruption, ait été constituée sur le principe électif. »

Et il y a mieux, *les femmes qui votent*, cette

grande nouveauté qui agite le monde et que
popularisent Alexandre Dumas et Emile de
Girardin, c'est du *vieux-neuf* dans l'Eglise,
où toutes les congrégations proscrites par nos
pseudo-républicains vivent en régime d'élec-
tion, où nos sœurs religieuses ont le droit de
vote, où nos enfants, dès le bas âge, sont
dressés à l'exercice du libre suffrage.

Et même, les deux plus grands papes, saint
Grégoire Ier et saint Grégoire VII, ont dû leur
exaltation au suffrage universel des hommes
et des femmes, *acclamante populo utriusque
sexus.*

Il y a cette unique différence que là où l'autocratie et la démocratie païennes exploitent
le chaos des plébiscites, la hiérarchie catholique n'a cessé d'organiser sérieusement le régime électif, afin que, à tous les degrés, le
vote soit en même temps et spontané et inspiré
par le cœur et réfléchi par la raison.

§ 6.

LE DIEU INCONNU

Ne pouvons-nous pas conclure que, jusqu'ici,
en somme, les vues générales de nos théologiens sont les vôtres, mon cher maître ès

sciences positives ? Je ne vois, dans ce vaste champ philosophique de l'unité universelle, qu'un seul point qui vous arrête encore, mais où vous nous laissez libre de nous aventurer : le point central et pivotal, Dieu.

La précipitation de la science vers ce foyer serait une chose fâcheuse. Il y faut procéder à pas comptés, à pas sûrs ; mais il y faut arriver.

« La cause première, dit saint Thomas, a besoin d'être démontrée par des intermédiaires.

« La sensation est le point de départ nécessaire de la science.

« C'est par l'expérience des phénomènes, des sensibles, et par l'observation des lois, qu'on parvient à comprendre l'existence de Dieu. »

Et notre théologien s'efforce de démontrer Dieu par cinq raisons tirées des phénomènes, de leur enchaînement et de leur nécessité. Et la première de ces raisons probantes, c'est le *phénomène du mouvement;* la cinquième, c'est *l'ordre hiérarchique des gouvernements du monde,* la série des puissances intelligentes et rectrices, au sommet et au fond desquelles saint Thomas trouve ce que Charles Fourier appelle *Direction intégrale du mouvement, Dieu.*

C'est donc une échelle scientifique à monter;

et c'est votre affaire, prince de la science.

Vous croyez certainement à la pluralité des mondes, et à leur enchaînement mutuel, harmonieux. Vous tenez pour certain qu'il existe des influences physiques réciproques entre les globes célestes, et que les grands êtres sidéraux sont ordonnés en séries et hiérarchisés, autour de leur soleil, foyer d'électricité, de lumière et de chaleur !

Pourquoi n'y aurait-il pas entre les humanités qui peuplent ces globes des influences morales réciproques !

Et pourquoi n'y aurait-il pas, au-dessus de nous, un ardent foyer d'électricité spirituelle, de lumière rationnelle et de calorique amoureux ?

Vos disciples nous répondent :

— Nous n'en savons rien, ne pouvant toucher ces choses du doigt, et nous ne raisonnons pas sur des hypothèses.

— Il faut pourtant bien que la science positive accepte tous les procédés de la méthode scientifique.

Il y en a trois :

Analyse,

Synthèse,

Analogie.

Vous vous servez merveilleusement de l'analyse pour distinguer les éléments, et de la synthèse pour les composer.

D'où vient que beaucoup de savants modernes négligent l'analogie, la comparaison, ce moyen si naturel d'aller *du connu à l'inconnu?*

Il n'existe aucun homme qui ait, autant que vous, dans un travail d'incomparable Bénédictin *(le dictionnaire Littré)*, et mieux que vous démontré, par analyse et par synthèse, la merveilleuse puissance de l'analogie. Vous exposez comment dans notre langue, dans toute langue, Verbe de l'humanité, les mots *lumière, chaleur, électricité,* termes de physique, se transforment tout naturellement en expression psychiques :

Lumière rationnelle,
Chaleur cordiale,
Électricité spirituelle,

Si l'accord est tel dans le langage, n'est-ce pas le signe même d'une correspondance, d'une liaison, d'un concert dans la réalité substantielle des choses et dans leur évolution positive?

Voilà pourquoi Jésus, ce grand ami de la nature, si habile, dans ses paraboles, à parler la langue simple et populaire des images, disait à ses disciples : « Je suis la lumière du monde... Vous, justes, mes frères, vous êtes la lumière du monde. »

Et voilà pourquoi voyant et contemplant la lumière du soleil, nous sommes conduits à supposer par analogie, qu'il y a, au fond de ce foyer splendide, un soleil des intelligences.

— Suppositions ! me dira-t-on. L'analogie n'ouvre le champ qu'aux hypothèses.

— Sans doute ; mais l'hypothèse, éprouvée par l'observation et l'expérience, prépare la thèse.

L'existence du soleil, des planètes, des étoiles, ce n'est point de l'hypothèse : rien de plus positif, c'est la réalité même.

Or, notre planète porte l'homme ; et l'homme est sens, intelligence, amour.

Et l'homme est doué de l'incompressible besoin d'étendre, de prolonger, d'agrandir dans toutes les directions, profondeur, largeur et hauteur, sa puissance de connaître, d'aimer et de posséder les êtres.

Pourquoi donc l'homme, qui a développé sa science des choses sensibles jusqu'à communiquer avec les éléments matériels du soleil et des planètes, n'élèverait-il pas son intelligence jusqu'à rencontrer les intelligences des autres mondes, n'exalterait-il pas son cœur jusqu'à communier par l'amour avec les êtres affectueux du ciel habité ?

Et si les rapports matériels, déjà conquis, ouvrent fenêtres et portes aux rapports moraux, n'est-il pas logique (comme l'enseigne Hugh Doherty) qu'il y ait entre les mondes des moyens et des agents de communication, *des médiateurs*? Et n'est-il pas conforme à tout ce que la nature montre à la science positive, qu'il y ait une série de moyens, une échelle d'agences, une hiérarchie de médiateurs, et conséquemment *un pivot d'action* providentielle, à la fois affectif, raisonnable et sensible ?

Doherty, ancien phalanstérien, est un psychologiste, un métaphysicien et un mystique.

Mais Wallace, l'émule de Darwin, Wallace n'est ni un utopiste, ni un rêveur envahi par le mysticisme : c'est un psychophysiologiste, très proche parent des positivistes. Or, sa ferme raison le conduit, très positivement, d'évolution en évolution, à admettre l'échelle progressive des êtres montant au delà de *l'hominal,* et portant une série de puissances supérieures, angéliques, archangéliques, séraphiques, revêtues de corps éthérés, de ma-

tière aromale, radiante, subtile, ou, comme
nous disons, spirituelle et céleste.

Donc, l'analogie conduit de vrais savants,
très modernes, très au courant des progrès
positifs, à concevoir logiquement un enchaînement universel des forces vitales, des raisons et des amours.

Et comment pouvons-nous nous refuser à
cette autre conclusion logique, que toutes ces
puissances, partout vivantes dans l'univers,
ont entre elles des relations morales analogues
aux sentiments de l'humanité, c'est à dire des
relations d'intérêt, d'amour, de justice régu-
lière, d'aide familiale, d'autorité directrice !

Nous ne pouvons mieux conclure, sur cette
question de l'Unité universelle, que par vos
propres paroles, mon très généreux Maître.
Voici ce que vous concédez libéralement aux
surnaturalistes, attirés vers l'incogniscible de
Herbert Spencer, exaltés vers l'*Immensité* de
Littré :

« Il faut le confesser, et il faut que cette
« confession influe sur notre mode de penser.
« Il est licite à qui s'y sent disposé de se
« transporter dans le transrationalisme, et de
« s'y former sur l'origine et la fin des choses
« les idées qui lui sourient le plus; mais à la

« condition de ne jamais confondre les deux
« domaines, et de laisser toujours au savoir
« positif sa domination sur le champ à nous
« accessible. C'est ainsi que J. Stuart Mill a
« montré que, tout en s'appropriant la philo-
« sophie positive, on peut se figurer dans l'in-
« cognoscible un Dieu qui gouverne le monde.
« Je ne m'aventure pas si loin (1). »

Dieu nous garde de vouloir jeter votre calme
et ferme génie dans les hasards d'aucune
aventure !

Dieu nous garde de confondre les deux domaines du ciel et de la terre, pas plus que
vous ne confondez l'homme avec l'animal !

Enfin, Dieu nous garde de présenter à
l'homme raisonnable aucune vérité inacces-
sible, étrangère à sa raison !

Nous n'invoquerons même pas devant vous
l'originale et brillante pensée de Pascal : « Le
cœur a ses raisons que la raison ne comprend
pas. »

La raison puérile, oui ; ou, comme dit encore
Pascal, « la raison imbécile. »

C'est à une très virile et puissante raison
que s'adresse notre parole ; et cette raison,

(1) *Philosophie positive*, février 1880, p. 49.

nous allons essayer de la prendre par le cœur.

Mais l'homme est tellement *un* dans la Trinité de ses puissances, que tout ce qu'inspire et respire le *cœur* doit s'adresser et parvenir à la *raison,* et par le moyen du *sens.*

Or, il est non seulement licite, mais encore obligatoire et nécessaire de conformer sa raison à son cœur, et tous deux au témoignage expérimental des sens.

Si ma force répondait à mon désir, je voudrais, en frappant au nom du Christ à la porte du cœur, conduire la raison de Littré à la vision de saint Jean.

DEUXIÈME CHAPITRE

ANTHROPOLOGIE

§ 1.

MÉTHODOLOGIE

NOTION COMMUNE SUR LA MÉTHODE EXPÉRIMENTALE.

Méthode cartésienne.

Il résulte des considérations qui précèdent que, de nos deux points de vue divers, du fond de votre ciel scientifique et du haut de notre ciel théologique, nous avons un même aperçu commun sur l'ensemble de l'univers, — sauf, bien entendu, un point, une inconnue, la Divinité.

Nous sommes d'accord avec les prophètes hébreux, les poètes païens, les théologiens catholiques et les socialistes modernes et les savants les plus avancés, pour entonner le refrain de Béranger :

» La loi qui mène à bien les astres
Donne la paix au genre humain. »

4*

Maintenant, nous avons à chercher le lien positif qui unit entre eux les termes variés de cette unité universelle.

Quel principe soutient en eux-mêmes, quel mobile rapproche l'une de l'autre ces diverses personnalités, ces divers corps, l'homme individuel, l'humanité, les planètes, les soleils, les constellations ?

Il y en a qui répondent : Le principe, le lien, c'est la Loi.

Nous admettons les lois. Mais n'y a-t-il que les lois ? C'est bien abstrait !

Il y a des phénomènes réglés par des lois, des réalités sensibles.

A la bonne heure ! Mais les phénomènes d'un ordre un peu élevé, ce sont des êtres doués de vie. Quels sont les principes vivants qui servent de lien entre les diverses parties de l'humanité ? Des êtres doués de bon sens, de sens intellectuel, de sens moral ; des hommes, des hommes d'élite, des hommes supérieurs.

Puisque tout sur la terre est uni et dirigé par des personnalités, n'y a-t-il pas quelque chose comme des personnes supérieures entre ciel et terre, des puissances personnelles, faisant, entre les mondes, fonction de principes d'attraction, de mouvement, de direction, de vie harmonieuse ?

C'est ici l'inconnu, sinon l'incogniscible.

Comment s'y prendre, pour parvenir à le connaître ?

Donc, avant tout, quelle méthode doit-on adopter, pour pénétrer dans la connaissance et dans la possession de l'univers ?

La vraie méthode est l'instrument de la Vérité : pour être rationnelle, elle doit être concordante à l'homme même.

C'est ici que le discord veut éclater entre l'Ecole positiviste et l'Ecole chrétienne. L'une, dit-on, part de la contemplation du Dieu invisible; et l'autre proteste et tient à partir de l'expérience des sensibles.

Donc, entre les deux un abîme !

L'un des plus savants d'entre mes condisciples et qui peut servir de lien entre nous, puisqu'il a complété sa philosophie à votre école, le docteur Barrier, croyait faire à l'Eglise une leçon d'anthropologie elémentaire, en nous apprenant que la Science trouve dans l'homme les éléments et les forces dont suit le tableau :

Passivité
{
matérialité,
végétabilité ;
animalité ;
}

$$\text{Activité} \begin{cases} \text{sens humain,} \\ \text{intelligence,} \\ \text{affections cordiales;} \\ \text{religiosité.} \end{cases}$$

Le savant anthropologiste reprochait aux théologiens de ne pas embrasser l'étude de l'homme dans son intégralité.

Il est clair que la Scholastique ne doit pas avoir poussé l'étude de l'anthropologie aussi loin que Hutcheson, Gall, Fourier et Auguste Comte. Car, enfin, la loi du progrès oblige le XIX° siècle à être plus avancé que le XIII° dans les sciences naturelles.

Au moyen-âge, alors que l'Art élevait les incomparables merveilles de ses basiliques romanes, byzantines et gothiques, la science cosmologique en était encore à ignorer la pluralité des terres et à nier les antipodes, et la Biologie ne disait mot de la circulation du sang.

La question, pour des critiques impartiaux, se borne à ceci :

La Théologie embrassait-elle du regard de l'intelligence et de l'amour tous les éléments que la Science naturelle acquise mettait à sa disposition ?

Or, il est incontestable que saint Thomas

d'Aquin considère l'homme tout entier. Il analyse et compare et classe toutes les vérités conquises par l'observation ; et il ajoute à ce trésor toutes les vérités que saint Augustin, saint Grégoire et tant d'autres, et son maître Albert le Grand et lui-même avaient trouvées et par l'observation et dans la contemplation.

Les Scholastiques étudiaient d'abord, dans l'homme, toute la sphère inférieure, matérialité, végétalité, animalité. Ils observaient que, plus on descend dans les bas-fonds du corps, et plus on rencontre la passivité, la fatalité ; et que, plus on remonte l'échelle des éléments, et plus on découvre l'activité et la liberté.

Saint Thomas spécifie ces degrés ascendants comme suit :

« Dans la plante, l'amour ou appétit attractif.

Dans l'animal, l'amour ou appétit sensitif.

Dans l'homme, l'amour ou appétit électif. »

Il discerne, dans le sensitif humain, « les sens externes et les sens internes, intelligentiels, spirituels. »

Il distingue, comme Fourier, dans l'intellect humain, les facultés passives et les facultés actives. Fourier ne s'occupe que des actives ; saint Thomas étudie et les unes et les autres. Il fouille, tourne et retourne l'homme dans tous les sens, cherchant partout les appétits essentiels et leurs fonctions utiles, et s'efforçant de tout distribuer dans l'ordre, selon les harmonies des nombres. Et c'est ainsi qu'il entrevoit que les puissances de la vie doivent être classées par 3, 4, 5. Le théologien a cela de commun avec le très libre penseur et rêveur de l'*Unité universelle,* avec le distributeur de la *gamme des passions,* qui énumère comme suit les puissances actives de l'âme humaine :

L'unitéisme ou religiosité,

3 intellectives,

4 affectives,

5 sensitives.

Mon ami Barrier m'avait emprunté le *Traité de la connaissance* de Bossuet pour se faire une idée de la philosophie catholique. Ce n'est point assez !

Mais vos disciples, élevés à votre école érudite, sont inexcusables quand ils reprochent à la théologie « de ne pas contenir tous les rameaux des sciences particulières qui viennent former l'arbre de la Science universelle. » Et sont-ils bien autorisés à prétendre que « la Philosophie positiviste a l'honneur d'être complète, car *seule* elle embrasse tous les phénomènes dont l'homme peut avoir connaissance! »

Dieu me garde de vouloir aucunement contester les services rendus à la Science par
votre Ecole ; mais nous avons le droit d'affirmer qu'elle n'a fait que poursuivre l'œuvre de
l'Ecole théologique, dont la philosophie a nécessairement pour caractère essentiel l'universalité, et, comme vous le désirez, l'universalité
ordonnée, sériaire.

Les savants modernes en doutent, parce
qu'ils prennent langue chez Bossuet et Descartes et conséquemment chez Platon. Le fils
d'Agathon n'est pas le fils de l'Homme. L'aigle
de Meaux n'est pas l'aigle de Patmos. Descartes n'est pas l'Ange de l'Ecole catholique.
Vous le savez, vous ; mais tout le monde autour
de vous ne le sait point, hélas ! et plusieurs
chrétiens en sont à croire que la méthode de
Descartes est une voie de conciliation, un pont
sur l'abîme qui sépare le pays de la foi des
régions de la libre pensée.

C'est le contraire.

Nous affirmons que cet illustre flambeau de
la philosophie moderne ne peut que multiplier
les discordes en pleine obscurité, parce que
l'Ecole cartésienne, fille de l'Ecole platonicienne, est mère de l'Ecole janséniste : toute

académies suspectes au Cénacle évangélique.

Permettez-moi d'insister sur ce point et de vous signaler les confusions d'un chaos, où votre coup d'œil juste fera aisément la lumière.

Un écrivain catholique, plein d'audace et d'originalité, Ernest Hello, a écrit :

« J'ai tué Descartes ! »

Nous ne voudrions pas pousser aussi avant les choses : nous croyons qu'il suffit de le redresser et de compléter sa philosophie. — Dieu nous garde de contester le génie de Descartes, qui survit à sa méthode ! D'ailleurs, il avait présenté cette méthode comme un moyen d'investigation dont il s'était lui-même servi utilement. Et, en effet, il est impossible qu'une intelligence forte et honnête ne fasse pas violence même à l'erreur au profit de la vérité. Ceux-là sont coupables qui ont prétendu nous imposer comme un organe scientifique universel et exclusif, un simple procédé partiel de la méthode. C'est là l'exagération que nous allons mettre à la porte du ciel théologique, pour y donner place à votre ciel scientifique.

Descartes a résumé dans le titre même de son livre son généreux désir de donner satisfaction au naturalisme.

RECHERCHE DE LA VÉRITÉ PAR LA LUMIÈRE

NATURELLE, *qui, à elle seule, et sans le secours de la religion et de la philosophie, suffit pour tout pénétrer jusqu'au plus haut degré que puisse atteindre la connaissance humaine.*

Descartes, comme Moïse, comme les saints Pères, et comme les savants positivistes, a le sentiment de l'unité universelle; et il dit excellemment :

« Toutes les vérités se suivent l'une l'autre, et sont unies entre elles par un même lien. Tout le secret de la science consiste à commencer par les premières et par les plus simples, et à s'élever ensuite peu à peu comme par degrés jusqu'aux vérités les plus éloignées et les plus composées. »

Acceptons la méthode de ce hardi naturaliste. Mais voyons par où et par quoi il va commencer.

Par *je, moi.*

Assurément, c'est là une vérité première et simple. Et nous comprenons ensemble que le moi devra conduire au prochain, et par suite à tous les êtres; car le moi est le microscome.

— Mais encore faudrait-il rester fidèle à la méthode naturelle, dans la considération du moi. Et c'est ce que ne fait point Descartes, pour s'être attablé plus au *Banquet* de Platon qu'alimenté aux joyeuses *noces de Cana* et à la *sainte Cène* du Christ.

Socrate a été, récemment, opposé à Jésus par un philosophe qui fait école. M. Renouvier av jusque-là, d'affirmer que Jésus n'est que la monnaie de Socrate, et que Socrate serait plus volontiers Dieu que le Christ (1).

Laissons la divinité, et voyons la science.

Socrate est célèbre pour avoir ramené l'esprit humain à cette source nécessaire de la vérité, l'étude de l'homme :

γνωθι σέαυτον.

Descartes suit l'*accoucheur des esprits* grecs sur ce terrain, et il fait bien ; mais il va, à sa suite, jusqu'à l'insouciance du monde physique, et voilà le mal.

Socrate se moquait de Pythagore, Leucippe et autres physiciens. C'est, disait-il, perdre son temps que de vouloir pénétrer le ciel que les Dieux se sont réservés, et de chercher la vérité dans les nombres, l'astronomie et la musique (les arts) et autres sciences cosmiques. Il faut laisser le grand monde

_____

(1) *Manuel de philosophie*, t. 1, l. IV, *Réforme de la méthode.*

pour étudier le petit monde. L'homme suffit.

Voilà des dieux bien jaloux, qui ferment le ciel à l'homme; et voilà une humanité bien étroite, qui s'enferme à l'écart du monde physique! Et nous voici loin de l'unité universelle du Psalmiste hébreu, qui chantait : « Il n'est pas une chose des cieux et de la terre, qui ne porte l'empreinte du Créateur et qui ne prenne une voix pour raconter (à l'homme) la gloire de l'Eternel. »

Descartes est plus large que Socrate, mais point encore assez ouvert à l'universel. Il ne veut ni fermer ses yeux au ciel, ni se priver des lumières que fournissent toutes les voix cosmiques; mais, s'il se pose comme Socrate devant l'homme, comme lui il n'embrasse pas son sujet dans son ordre et dans son intégralité.

Il écrit :

« Nous commencerons par l'âme raisonnable, parce qu'elle est le siège de toutes nos connaissances; et après avoir considéré sa nature et ses effets, nous arriverons à son auteur; et une fois que nous connaîtrons quel il est, et comment il a créé toutes choses qui sont dans le monde, nous noterons ce qu'il y a de plus certain touchant les autres créatures, et nous examinerons comment nos sens perçoivent les objets; ensuite, je vous placerai devant les yeux les travaux matériels, industriels et artistiques de l'homme. »

Ici s'embrouille le fil de la méthode cartésienne, pour nous égarer.

Nous comprenons que, rencontrant Descartes sous cette armure, Littré crie à son armée positiviste :

« Le métaphysicien, voilà l'ennemi ! »

Partir de l'âme, mise à part du corps; et, dans l'âme n'avoir d'abord affaire qu'à l'entendement, pour s'élancer au plus haut vers un Dieu abstrait; et de ces cimes intellectuelles, redescendre, en raisonnant toujours, aux créatures spirituelles, pour n'aboutir qu'à la fin des fins aux sens :

Voilà un ordre logique absolument illogique, si l'on considère l'homme dans son être, dans sa vie, dans ses mouvements.

Car il est évident que mon moi enfant, notre humanité enfantine, commence par recevoir des impressions du dehors, avant de se mettre à penser et à raisonner, et des impressions essentiellement sensitives.

Incipe, parve puer, risu cognoscere matrem.

Le sourire de la mère précède, sollicite et détermine la première connaissance de l'amour maternel; et c'est de ce même foyer extérieur, la mère, que viendra à l'enfant la première notion de Dieu.

Descartes renverse cet ordre de la nature et du bon sens.

Et, bien qu'il ait débuté par nous déclarer qu'il ne veut rien emprunter à Platon ni à Aristote, son Docteur, son sage Eudoxe, leur prend tout aussitôt le dédain des sens, l'insouciance de l'amour, l'orgueil de l'intellect.

« Il me semble étonnant, dit-il, que les hommes soient assez crédules pour bâtir leur science sur la certitude des sens. »

Alors arrive la fameuse proposition :

« *Je pense, donc je suis.* »

Avec son complément subtil :

« Je doute, donc j'existe »... — « je sais que j'existe, parce que j'en doute. »

Pure battologie !

Et c'est ainsi que, du doute universel, Descartes veut faire dériver la connaissance de Dieu, de l'homme et de la nature entière.

La certitude de son doute lui ayant donné la certitude de son être, il aboutit aussitôt, triomphalement, à cette proposition énorme :

« La pensée seule est d'une nature telle, que je ne puis la séparer de moi..... *La seule chose que je ne puisse séparer de moi, c'est que je suis un être pensant.* »

La seule chose ?.....

Ne suis-je pas, au même degré, un être sentant, un être aimant ?

Et faut-il le répéter dix fois, n'est-il pas évident qu'homme, j'ai senti avant de penser ; et que de la sensation, de la perception du Sens, m'est venue la première connaissance avec le premier amour ?

Chose incroyable ! qu'on ait pu nommer Descartes « *le rénovateur des sciences* », lui qui en déssèche et en étouffe toutes les racines sensibles !

Chose plus incroyable encore ! que tous les théologiens de Port-Royal, et avec eux, hélas ! l'aigle de Meaux, aient cru pouvoir renouveler et perfectionner l'apologétique chrétienne, en se mettant à la queue de cet étrange lutteur, qui, pour nous faire mieux embrasser le Dieu appuyé sur le haut de l'échelle, commence par en supprimer tous les échelons inférieurs !

Nous donner comme la vérité première la plus simple et la plus accessible, la *Pensée*, le raisonnement, l'entendement rationnel et ratiocinant, c'est un procédé antithéologique ; c'est faire passer le Logos avant la Toute-

Puissance, faire naître le Fils avant le Père et la Mère.

Mais, direz-vous, mon cher maître incrédule, ça nous est bien égal que Descartes fasse passer le Verbe avant les autres personnes de la Trinité chrétienne, puisque nous ne portons aucun intérêt à Dieu.

Pardon : vous portez un intérêt profond à toute l'échelle des connaissances possibles. Et il importe à la Vérité qu'on ne vous présente pas ce que nous croyons, nous, être des vérités, de manière à blesser en vous le bon sens et le cœur lui-même. Il ne nous plaît pas que le sophisme vous éloigne de la Sagesse.

Nous savons, dans notre temps où la division désole la Science, nous savons trop que l'Esprit-Saint est inconnu aux savants naturalistes, et que le Christ est par eux méconnu et contesté. Or, nous avons la certitude que la notion de Dieu ne peut être rendue accessible aux esprits positifs, que si nous présentons à leur libre examen le premier terme de la Trinité, la Toute-Puissance, la force primaire, qu'ils ne songent point à nier.

Et la force universelle, contrairement à la vue méthodique de Descartes, se manifeste d'abord aux sens.

Le Sens et le sensible, voilà les éléments premiers et nécessaires de la méthode expérimentale. Il importe donc que cesse l'énorme méprise qui donne à croire aux positivistes que la méthode de Descartes est celle de Jésus-Christ.

La métaphysique à outrance du XVIIᵉ siècle est aussi contraire à l'Ecole théologique et à la poésie, qu'elle est répugnante à l'Ecole positiviste et au réalisme.

Et le malheur a voulu que des hommes d'Eglise d'un très haut mérite autorisassent, en France, la méthode de Descartes, depuis le grand évêque gallican jusqu'au grand Arnaud le janséniste ; et tel fut l'éclat de cet astre errant dans le ciel philosophique, que nous en voyons la pâle queue prolongée jusqu'à nos jours.

La *logique* de Port-Royal dit, en citant un mot de saint Augustin, que *ces Messieurs*, comme d'habitude, entendent dans l'esprit de Platon : *Non est judicium veritatis in sensibus* (1).

Non, en effet ; le *jugement* de la vérité n'est pas dans les sens, puisque juger est un acte propre à l'Intelligence ; mais la *perception* est

(1) *Ch. de la Définition.*

le propre du Sens, et elle suffit souvent pour donner l'évidence, sans qu'il soit besoin d'aucun raisonnement.

Reid, malgré toute la sagacité de son analyse, n'a pas complètement dépouillé les préjugés platoniciens. Il n'évoque pas, comme Descartes, *des esprits animaux* pour apporter du dehors les sensations à l'âme humaine ; il admet que « les sens font partie intégrante de notre constitution », et il y voit quelque chose de la naïveté de l'enfance ; mais il ne leur accorde pas le même titre de noblesse qu'à l'entendement et à la volonté. Il enseigne que « les sens nous sont communs avec les animaux. » Méprise déplorable, où tout le monde est un peu tombé !

Oui : l'homme a le sens animal, puisqu'il résume en lui toutes les puissances des règnes inférieurs.

Mais non : l'animal n'a point le Sens humain.

L'animal n'a rien de l'homme, quant à la qualité et à la puissance, pas plus le Sens que l'Intelligence et que l'Amour.

L'animal est ce qu'il est, animal ;

L'homme est l'homme ;

L'ange est l'ange ;

Dieu est Dieu :

Toutes sphères radicalement diverses, toutes variétés d'êtres, reliés entre eux sans doute, mais très distincts, que la science ne doit point confondre.

Confusion grosse d'erreurs : car, si Platon et Descartes avaient en effet bien vu, ce qui s'appelle vu, les sensations venir à l'homme des bêtes, ils auraient eu raison de dédaigner nos sens ; et, par suite, ils devaient, logiquement, ne point faire estime de la méthode expérimentale.

Et voilà l'homme divisé en lui-même !

Etrange manie de séparer ce que Dieu a uni ! Le Sens est aussi intimement et noblement uni à l'Amour et à la Raison que sont unis entre eux l'Enfant, la Femme et l'Homme. Les trois sont en un, et les trois sont un. Il y a une sainte famille des facultés, comme une sainte famille des personnes humaines, à l'image et ressemblance de la Sainte Famille universelle, infinie, éternelle, divine.

Pourquoi faut-il que le champ de la science soit aux mains de cultivateurs qui travaillent à part, les uns contre les autres, au lieu d'opérer en un, les uns pour les autres ?

Trois écoles se disputent l'esprit humain fragmenté.

L'école sentimentaliste, où de brûlants séraphins veulent, pour mieux voir la vérité, s'éloigner des Chérubins lumineux et des Trônes solides et des Puissances positives, et se faire une philosophie de pur sentiment, sans raison et sans réalité tangible.

L'école sensualiste, qui voudrait réduire la science à l'enregistrement des faits palpables et matériels.

L'école ultra-métaphysicienne, qui nous dit avec le calme froid de la raison pure : « La science réside tout entière dans les abstractions. »

Je vois, avec regret, pencher de ce côté-ci un vrai savant très chrétien, que j'honore singulièrement : « La science, a-t-il écrit, ne commence que quand les faits matériels font place à des abstractions. »

Comprenez-vous, maître ès sciences ? Savez-vous un fait plus scientifique, une démonstration plus frappante que la chute de la pomme sous l'œil de Newton ? Et comment cette *pomme expérimentale*, cette observation positive, cette contemplation vivante, pourraient-elles faire place à l'abstraction, au point d'être perdues de vue ? Quand Le Verrier féconde la théorie, est-ce que son calcul ne porte pas sur des faits ? et n'a-t-il pas toujours sous les yeux et sous ses chiffres, toutes les réalités astronomiques, emmagasinées par la mémoire ? La mémoire n'est pas une abstraction. « La mémoire, dit saint Thomas, se rapporte au sensitif (1). »

C'est donc du fait sensible que part la spéculation intellectuelle, et la Raison ne se peut séparer du Sens ; et il n'en peut être autrement, à moins de fermer l'œil à la nature des choses.

Descartes est à ce point étranger à la méthode naturelle, qu'il croit devoir fonder l'existence réelle des corps « sur la véracité de Dieu. » Le bel argument pour des gens qui n'admettent pas l'existence de Dieu ! Le plus simple et naïf bon sens suffit à la démonstration. Demandez à un petit enfant : « Es-tu sûr et certain de l'existence de ce fruit ? — Pardi, oui, puisque je le vois, le touche, le flaire, et puisque le voilà mangé ! »

Mais qui donc, parmi les philosophes superbes, a l'humilité de suivre les petits enfants pour entrer dans le royaume céleste de la science ? « Marmot ignorantissime et ignorantifié, auraient ensemble répondu le Dr Pancrace et le Dr Marphurius, il ne faut pas dire : j'ai

_____

(1) *Somme théologique*, Des puissances de l'âme, q. 79, art. VI.

mangé, mais il me semble que j'ai mangé.....
D'autant que la forme ne doit pas être confondue avec la figure... Il faut savoir opérer
dans les formes, et, comme Thomas Diafoirus,
pousser un raisonnement jusqu'aux derniers
recoins de la logique... »

Ah ! que Molière, l'inspiré du Père Eternel, a donc bien fait de jeter hors du Temple
de la bonne nature, à coup de verges riantes,
les Docteurs de la Science subtile, et vaine, et
fausse, et ridicule !

Descartes est à ce point fermé au souffle de
l'esprit universel, au sentiment de la vie vivante, animée, poétique, qu'après avoir dépouillé l'âme humaine du Sens, il imagine de
supprimer la sensibilité dans le règne animal
et de faire des bêtes de simples automates, c'est-
à-dire de nier contre saint Thomas d'Aquin,
que la nature inférieure soit vestige de Dieu
et à l'image de l'homme, — sur quoi le majes-
tueux métaphysicien se fait donner la leçon par
le bon La Fontaine, l'ami des petits enfants.

Le Fabuliste ne cesse de faire la guerre

« A certaine philosophie,
Subtile, engageante et hardie,
Qu'on appelle nouvelle.....
Du Cartésien qui s'obstine

A traiter l'animal de montre et de machine...
Nul sentiment, point d'âme ; et marchant sans dessein. »

A cette philosophie prétendue nouvelle, le poëte répond :

« Tout nous parle dans l'univers,
Il n'est rien qui n'ait son langage. »

Et La Fontaine, très naturaliste, ne craignait pas de remonter à la source surnaturelle : « Nous savons, dit-il, que la Vérité a parlé aux « hommes par paraboles. »

Le poëte fait appel contre Descartes à Jésus-Christ.

Et pourquoi ? C'est, répondent les Pères, avec les prophètes, parce que, venant restaurer l'humanité dans son état de justice originelle et la faire progresser dans sa destinée royale, Jésus de Nazareth devait rendre à ses frères le sentiment et la science de l'unité universelle, les appeler à trouver sous toute lettre l'esprit, dans toute créature la pensée du Créateur, cachée, mais toujours et partout présente dès la constitution du Cosmos. Et voilà pourquoi l'on ne trouve pas un seul des discours du Christ où l'expression directe ne soit appuyée d'une image, d'une comparaison (1).

(1) S. Augustin, S. Jérôme, David, Ps. LXXII, 2. *Chaîne d'or*, in Matth., XIII.

C'est ainsi que, pour Jésus-Christ comme pour Jean La Fontaine et pour toutes les âmes simples,

Comparaison,
C'est raison.

Car la Raison éternelle circule dans tous les êtres, spontanément exprimée par la Sensibilité universelle, qu'inspire et rassemble un même Esprit d'amour.

C'est par dédain du sensitif que l'auteur de la prétendue *méthode naturelle* brise dans sa main laborieuse l'instrument divin de l'Analogie. « Je n'ai point voulu, dit-il, me servir d'aucunes comparaisons tirées des choses corporelles, afin d'éloigner autant que je pourrais les esprits des lecteurs de l'usage et du commerce des sens. »

C'est le contraire, radicalement, absolument en Jésus-Christ, le philosophe, le théologien et le Dieu des chrétiens. Et c'est aussi bien le contraire dans la *Genèse* que dans l'Evangile.

En somme, la recherche cartésienne de la vérité, *simpliste*, réduite à la trop simple expression de la méthode naturelle, convient sans doute à certains esprits mâles, mais c'est une absurdité d'en vouloir faire l'instrument universel; car elle déplaît aux femmes et elle ennuie les enfants, et elle est lettre morte pour les foules populaires. Son unique procédé, le rationnel, n'est adéquate ni à l'amour du cœur féminin, ni à la sensibilité enfantine, ni à l'instinct, qui est lui-même une puissance de l'âme humaine.

Tout cela n'est-il pas contraire à l'esprit du Positivisme ?

J'affirme que tout cela est antipathique au Catholicisme.

Toute la Théologie judéo-chrétienne répugne à la métaphysique abstruse et antinaturelle des Cartésiens et Jansénistes.

« Nous l'allons montrer tout à l'heure. »

Méthode judéo-chrétienne.

Il est de foi, dans le monde scientifique moderne, que la méthode expérimentale, qui a renouvelé la Science, est une nouveauté;

Et il est de foi, quelque peu fanatique, dans le même monde, que le triomphe de cette méthode est un échec à l'Eglise catholique, au Christianisme.

S'il était vrai, comment s'expliquer que la *Genèse,* dès son premier chapitre, enseigne pratiquement la méthode expérimentale, et que l'Evangile la confirme positivement ?

Moïse, l'écrivain de la *Genèse,* ayant affaire à un peuple monothéiste, lui rappelle, dès le premier mot, et lui nomme son Dieu, créateur du ciel et de la terre.

Mais voyez-le, tout de suite, descendre du ciel théologique, pour parler aux hommes des choses sensibles, et du firmament où portent leurs pieds, et du ciel où s'élèvent leurs regards :

Terre, solides, liquides, air et vapeurs, lumières ;

Végétaux, animaux :

L'homme, et l'homme corporel d'abord, *de limo terræ* ;

Et la génération, et la culture du domaine terrestre ; et puis, après la revue des phénomènes physiques, viennent la considération de l'âme vivante, et enfin la science des êtres, et finalement la famille et la société destinées à l'unité et au bonheur.

Jésus, la personne qui est pour nous la raison même, débute-t-il par nous parler raison métaphysiquement ?

C'est le contraire.

Sa première parole, à l'âge de douze ans, et, avec elle, tous les témoignages des évangélistes nous montrent le nouvel Adam rattachant sa personne au premier père de l'humanité, en même temps qu'au Père céleste (1). Il ne vient pas détruire la Loi ; il vient accomplir la Loi de nature par une Grâce plus parfaite ; et il renvoie à Moïse et à ses livres sacrés.

Conséquemment, le Verbe chrétien, ne dérangeant rien à l'ordre logique de la première création, laisse subsister entière la méthode génésiaque comme base de la Science.

Et Jésus, étant, selon nos théologiens, la

(1) Saint Marc, i. Saint Luc, ii, iii, iv. Saint Jean, i.

Raison infinie, va-t-il poser en *raisonneur*?
va-t-il surajouter au tableau de la Genèse, à
l'analyse des choses sensibles, un enseignement principalement rationnel et d'une métaphysique transcendante ?

Imaginez Jésus, dressé sur la Montagne, com-
mençant sa leçon par ces paroles magistrales :

« Vous pensez, donc vous êtes ; vous doutez,
donc vous existez. Je sais que j'existe, parce
que j'en doute..... Eloignons nos esprits de
l'usage et du commerce des sens ; et n'attendez pas de moi que je fasse appel à votre
cœur, en vous révélant et dévoilant mon propre
cœur ; quelque sacré qu'il soit, le viscère
cordial n'étant rien qu'une chose corporelle,
une guenille ! »

Si Jésus n'avait fait que de la métaphysique,
restant inintelligible aux masses populaires,
il n'aurait pas été accusé d'agiter et de soule-
ver le peuple contre les riches et les grands ;
et il n'aurait pas été crucifié, comme il l'est
encore par les princes de ce monde, Césariens,
Hérodiens et tribuns démagogiques.

Non, Jésus, parlant au sens commun, tire
sa raison du Sens. Assurément, il aurait pu
faire de la métaphysique avec Nicodème, un
sénateur, un savant, maître en Israël. Or, il

lui dit : « Je te parle, en vérité, des choses que nous savons, dont nous avons la science; nous témoignons de faits que nous avons vus. Si vous ne croyez pas ce que je vous dis des choses terrestres, comment croiriez-vous quand je vous parlerai des célestes ? »

Pour pénétrer l'âme, toujours il enveloppe les leçons cordiales d'un témoignage sensible.

« Venez et voyez. » C'est son premier mot à la vocation de ses apôtres ; double mot de la méthode expérimentale.

Prenons et relisons l'Evangile, et méditons sur les procédés de ce Docteur, sur les formes de sa parole.

Lorsque l'Esprit pur, venant au cœur de la femme, donne à la terre et au ciel son fruit parfait, la Raison pure, voyons-nous, entendons-nous le Christ, ce plus raisonnable des êtres spirituels, s'interdire l'usage des sens et la langue des images, pour mieux éclairer les hommes sur leur destinée ?

Le Verbe de l'humanité dit à la raison de ses frères, d'un air amical, tout enfantin :

« Soyez entre vous humbles et doux comme des agneaux. Aimez-vous les uns les autres avec la tendre simplicité des colombes.

Soyez le sel de la terre, conservateurs des

vérités substantielles, illuminateurs de l'humanité progressive.

Gardez la justice et contenez le mal ; non plus comme fait l'homme animal, à l'exemple des chiens : dent pour dent ; mais par le pardon des injures et la miséricorde et la paix, par le sacrifice.

Homme, vénérez dans la Femme l'image de Dieu, semblable à vous, votre sœur, votre épouse, votre mère. Honorez dans l'enfant un être plus que vous-même près de la nature et de Dieu, plus conforme aux Anges des cieux.

Poussez l'amour du prochain bien au delà de vos proches, jusqu'à tous les membres de l'humanité, et plus loin encore, jusqu'à l'amour de vos ennemis.

Aimez par-dessus tout Dieu, et comme vous-même le prochain ; faites à tous les hommes ce que vous voudriez qu'ils fissent pour vous. Pour le mal, rendez le bien.

A l'image du soleil, à l'exemple du Père céleste, brillez sur toute la nature, répandez sur tous, bons et mauvais, les effusions de la Vie, de l'Amour et de la Vérité.

Je vous offre la greffe de l'essence parfaite. Je suis le cep de la vigne radieuse, succulente et fortifiante ; renaissez dans cet esprit, et vous reconnaîtrez l'arbre à ses fruits de force, d'harmonie et de joie. »

Miraculeux philosophe, qui n'appelle pas ses disciples à philosopher, et qui dit clairement au peuple : « Venez et voyez; suivez-moi et faites comme je fais. A mon école, on fait d'abord ce qu'on doit enseigner (1). »

Etrange rationaliste, qui n'a pas peur de se servir d'aucunes comparaisons tirées des choses corporelles. Jésus ne dit rien sans paraboles, sans analogies, sans images.

Même méthode chez ses grands Apôtres. Saint Paul, dans l'Aréopage, commence par fixer le regard des Athéniens sur les statues de Phidias pour leur offrir un nouvel idéal divin, et il emprunte une image à un poète païen pour expliquer le Dieu inconnu aux fils d'Athéné et rattacher les hommes les plus intelligents de la terre à leur race céleste : *Ipsius enim et genus sumus.* Arrivé chez les Romains, qui le mettront à mort sans raison, *propter ignorantiam*, il s'efforce, pour leur ouvrir les yeux à la vérité, de leur montrer que l'on parvient aux invisibles par les choses sensibles et terrestres (2).

(1) Jean, i. — Act., i, 1.
(2) Act., xvii. — Rom., i.

Et l'Apôtre des Gentils, parlant à chacun sa langue, mesurant la science à la portée de tous les âges, dit aux Corinthiens puérils et voluptueux : « Vous n'êtes que des enfants ; je vais vous abreuver de lait, puis vous aurez une alimentation plus forte ; et enfin, quand vous serez devenus grands, on vous expliquera les secrets du ciel et de la terre, et nous verrons ensemble la vérité face à face, et nous parviendrons à la science parfaite au point de connaître l'Etre suprême comme nous-mêmes somme connus de Lui (1). »

Ainsi donc, mon cher positiviste, vous avez de commun la même langue apostolique avec nos théologiens.

Moïse, comme vous, part de l'astronomie et même du nombre, pour remonter la série des choses sensibles et des sciences naturelles, physique, chimie, vie végétale et animale ; et même, par-dessus la biologie, il touche aux principes de la science sociale, trois mille cinq cents ans avant qu'Auguste Comte ait dressé son échelle savante, qui va de la mathématique à la sociologie, et à laquelle votre maître ne retranche qu'un seul terme, le Très-Haut,

(1) I Cor., iii et xiii.

soleil des esprits, *Dominum innixum Scalæ*.

Et considérons bien la série des évolutions divines ou naturelles, qui constituent les trois actes de la vie humaine dans ce drame de la *Genèse*.

Après le prologue, où l'on voit établi le lieu de la scène et l'ameublement du séjour terrestre, dès que l'homme a été transformé de corps terre-aqueux (*de limo*) en âme vivante, il est placé dans un paradis de délices sensibles, sensuelles; il lui est dit : Vois, admire ces merveilles, adore ces parfums, écoute ces harmonies, touche, goûte, savoure ces suavités.

Et puis il lui est dit : Observe les créatures de ton domaine, étudie les animaux, tes aides, exerce sur eux ton intelligence, et, en les nommant, fais acte de science.

Et ensuite, il lui est dit: Voici ta compagne, ta moitié, semblable à toi, ton épouse, la chair de ta chair; en elle reçois le bienfait de l'amour, avec le bonheur.

Ces trois biens paradisiaques, joie des sens, satisfaction de la raison, contentement du cœur, sont à toi, sans trouble et sans mesure, si tu demeures dans l'ordre du royaume de Dieu, fidèle à la règle de sa justice.

Telle est l'économie de la création première;

elle va se reproduire dans le drame de la Rédemption.

Jésus, comme vous, s'abstient des abstractions, donne à la morale pratique une prédominance suprême ; et, n'admettant pas une métaphysique exclusive de la physique, il enveloppe ses leçons familières de colombes et de petits agneaux, de lumières et d'harmonies, de froments dorés et de pampres grimpants et de rayons de miel ; et, comme parlent nos saints, mystiques naturalistes, nous le voyons confire sa morale dans l'encens de la charité pour en faire monter les parfums aux narines des habitants du ciel, et pour en faire mieux avaler les préceptes les plus sublimes à l'humanité enfantine, sa sœur, afin qu'elle croisse en âge, en grâce et en sagesse (1). Et cette bonne grâce et cette vertu qui sont demandées, fraternellement commandées aux hommes, sont-elles exclusives des biens sensibles et des voluptés naturelles ? C'est le contraire ; car Jésus renouvelle les promesses et les dons du premier Paradis : « Cherchez d'abord le royaume de Dieu que vous avez perdu, restaurez l'ordre de la Justice éternelle,

---

(1) Opera sua, sicut unguenta, in charitate conficit, ut in divinis naribus redolent. B. Greg. in Cant., IV.

organisez-vous au gré de la Charité céleste ; et tous les biens de la terre vous seront donnés par surcroît, et vous aurez pour parure toutes les splendeurs de la Création.

Saint Paul, comme vous, dix-huit cents ans avant Condorcet, esquisse la *Doctrine des progrès de l'esprit humain,* partout indiquée dans les paraboles de l'Evangile, et développée avec une largeur incomparable par saint Grégoire le Grand (1).

Citez-nous un positiviste qui soit plus que nos théologiens naturel, et naturaliste, et progressiste ! Et par quel aveuglement en sommes-nous à nous proscrire les uns les autres, au lieu de nous aimer et de chercher en paix l'accord possible, l'accord existant, là où il existe, entre le ciel théologique et le ciel scientifique !

Je suis, d'ailleurs, prêt à confesser que l'éloignement des savants naturalistes a été provoqué par la pseudo-théologie gallicane, qui, détrempée dans les vapeurs de Port-Royal, s'est enchaînée par les lisières du Jansénisme et du Cartésianisme au Manichéisme borgne et au Platonisme vague.

(1) In Ezech., l. II, hom. 16.

Mais quel rapport a tout cela avec l'ortho-
doxie romaine ?

Les théologiens apostoliques n'enseignent
point à la façon de tous ces demi-savants,
parce qu'ils sont les précurseurs de la science
positive.

Leur prince, l'Homme-Dieu, se fait connaître d'abord tout simplement par les sens,
tout bonnement par le cœur, parce que, étant
l'Etre par excellence, il doit être excellemment
condescendant aux sens et à l'amitié; car il
est Lui-même l'Amour éternel et la Sensibilité infinie. Jésus savait, et il l'enseigne en
confirmant la pratique de la Prière, et il le
démontre en instituant le sacrement de l'Eucharistie, il savait que, dans l'homme, le
sensitif s'allie aux affections morales au point
de se transformer en spirituel et en divin.

Pour comprendre ces miracles de la science,
détournons nos regards et de l'Académie et du
Portique, pour contempler le Cénacle du Christ.

Un coup d'œil suffit pour faire embrasser
dans son intégralité l'esprit de l'Eglise, puisqu'elle se résume dans cette trinité :

Dogme,
Morale,
Culte.

Or, qu'est-ce que le culte, sinon l'exercice des sens ? Qu'est-ce que la prière, sinon un acte sensible, inspiré par le cœur, réglé par la raison sacerdotale ? Et que sont les sacrements, sinon les signes sensibles de la grâce invisible et de la gloire éternelle ? Et si la parole du prêtre est la forme même du sacrement, comment peut-on, dans cet acte qui nous fait participants au corps et à l'âme de Jésus-Christ, séparer le spirituel du sensible ?

Et quel est le premier agent que l'Eglise apostolique fait avancer pour évangéliser l'Humanité ? N'est-ce pas le Culte ? C'est donc au Sens qu'elle s'adresse d'abord ; c'est par les sensibles et par les symboles qu'elle parle à l'enfant et aux peuples enfants.

Telle est la méthode chrétienne en son premier degré.

L'Eglise s'en tient-elle là ? Les protestants lui ont reproché d'être sensualiste à l'excès, tandis que les sensualistes lui reprochaient de mépriser les sens et de damner la chair. Ni l'une ni l'autre erreur ! L'Eglise est catholique : elle a agité l'esprit humain par ses disputes sur le Dogme, et elle a rempli le cœur humain de sa Morale charitable, autant qu'elle a ravi les sens par les magnificences de son Culte.

La méthode chrétienne est intégrale, est toute à tous.

La vraie méthodologie n'exclut rien, ne méprise rien, et elle embrasse tout.

Elle doit correspondre à toutes les facultés de l'âme humaine, dans ses rapports avec les choses d'en bas et avec les choses d'en haut.

Etant donné l'homme, qui est triple : sensitif, affectif, intelligent, la méthode intégrale doit être : *expérimentale*, pour les sens, *rationnelle*, pour l'intelligence, *cordiale*, pour les affections; et de plus, *religieuse*, pour le besoin d'unité universelle qui est en nous, et qui nous met en communion avec Dieu, avec l'Univers, ou pour le moins avec l'Humanité.

Saint Bonaventure, un autre archange du ciel théologique, fait sortir la méthode et la science de l'amour de Dieu et du prochain. Il dit que le premier procédé de la logique, le premier acte du libre penseur chrétien, doit être la *prière*.

Passons vite pour ceux de nos frères qu'offusquent les pratiques du culte. Combien sont-ils ? Beaucoup écartent loin d'eux les intermédiaires du Sacerdoce, et cependant, pratiquent dans le secret de leur cœur, l'oraison jaculatoire, et se livrent à des effusions d'amour vers l'Être universel, vers le Principe inconnu de l'ordre et de l'éternelle félicité.

Après la prière, dans la méthode de l'Ecole séraphique, vient l'exercice de la vertu, *la charité*.

Ici, mon cher Monsieur, nos deux courants, catholique et positiviste, se rencontrent, s'embrassent et se confondent.

L'amour du prochain ou l'*altruisme* a quatre modes, s'épanouit dans quatre groupes principaux :

Le cercle de l'amitié,

Le couple conjugal,

Le foyer familial,

La corporation civique.

Conséquemment, la méthode catholique doit avoir des caractères et des formes correspondantes à ces divers amours pour autrui :

Populaire, accessible à la foule de nos frères, aux masses plébéiennes;

Délicatement galante pour nos sœurs, respectueuse du génie féminin;

Familière, propres à la maternité, appropriée progressivement à l'éducation des enfants et à l'instruction de la jeunesse;

Magistrale, adaptée au gouvernement hiérarchique des citoyens et des peuples.

Saint Thomas d'Aquin a indiqué toutes ces formes, tous ces modes, en faisant l'analyse des besoins naturels de la *Religion sociale*.

Mais sans négliger les affections du cœur et les appétits légitimes des sens, l'Ange de la théologie dominicaine, très influencé par Aristote, développe surtout l'analyse des facultés intellectives.

Quant à l'Ecole séraphique, plus indépendante de la tradition grecque, par cela même qu'elle fait prédominer le cœur, elle s'incline plus maternellement vers le sens. C'est ainsi que l'exaltation extatique de saint François d'Assise ne l'empêche pas d'appeler le loup *mon frère*, les oiseaux *mes petits enfants*, et la terre *ma sœur*. De même, le plus mystique des fils de saint Benoît, saint Grégoire le Grand appelle la terre *ma mère*. Nous voilà loin de Descartes !

Et nous voici près du Pape et de la philosophie catholique, apostolique, romaine ; car cet esprit séraphique, qui enveloppe la Science de la foi et de la charité, vient directement du cœur de Jésus-Christ par la bouche de son serviteur le plus autorisé. Simon-Pierre donnait aux premiers chrétiens ces règles de conduite pour leur apostolat :

« Nous avons reçu tout ce qui importe divinement à la vie naturelle et religieuse par la connaissance personnelle de ce Jésus, qui nous a appelés par son éclat extérieur et par sa force vertueuse, nous promettant que nous deviendrions participants à la nature divine ; à la condition de fuir la corruption des mœurs du monde.

« Apportez donc tous vos soins pour joindre :

« A votre foi la vertu,

« A la vertu la science,

« A la science la tempérance, et la patience,
« et la piété,

« A la piété l'amour de fraternité,

« A l'amour de fraternité la charité.

« Si vous avez ces mœurs en dominance, votre apostolat ne sera pas infécond et vous fructifierez dans la connaissance de l'Homme-Dieu. Celui qui n'a pas ces procédés est un aveugle, marchant à tâtons ; il ne répond pas à l'appel du Sauveur, il perd sa vocation et n'est pas du nombre des élus. (1) »

La méthode vraiment catholique, qu'elle soit de Pierre, ou de Paul, ou de Jean, de l'École dominicaine ou de l'École franciscaine, em-

(1) II Ep., i, 3, 10.

brasse tout l'homme, dans tous ses éléments et dans tous ses rapports. Elle se sert :

1° De la sensibilité, pour observer les choses extérieures et y retrouver les traces de l'Infini vivant ;

2° De la réflexion, pour se rendre compte des opérations intellectuelles, et y reconnaître la ressemblance du Verbe Eternel ;

3° De l'amour pur, afin de s'élever au plus haut, au-dessus de l'âme même, jusqu'à la contemplation de l'Etre absolu.

« L'itinéraire de l'âme vers le Très-Haut, dit saint Bonaventure, consiste à s'élever par degré des créatures où les vestiges de la Divinité sont les plus confus, jusqu'à celles où l'image divine est la plus expresse. »

Et ce chemin du ciel a son point de départ au plus profond de la terre, car notre théologien lui donne cette base : « La matière est le principe potentiel de tous les êtres. » Voilà de quoi contenter l'école expérimentale ; et que nous sommes loin des abstracteurs de quintessences de l'école idéaliste !

Tout à l'opposé de cette sublimité catholique, qui condescend à toutes les profondeurs sensibles, les Cartésiens et autres amoureux platoniques de l'humanité ont borné l'étude de la méthode au domaine de l'entendement. Et encore, sur ce terrain étroit, ont-ils trouvé le moyen de se rétrécir eux-mêmes en excluant ou négligeant un des procédés méthodologiques. Un sur trois, c'est beaucoup. Aussi leur méthode est un trépied boiteux, où manque une patte.

Hélas ! il faut l'avouer encore, nous savons même sur ce fait bon nombre de romains qui sont jansénistes en méthodologie, comme gallicans en politique. Hier, à l'heure même où Littré faisait, *pour la dernière fois*, écart de l'Eglise, un ecclésiastique, dans un *catéchisme philosophique*, réduisait la méthode logique à deux procédés, et se chargeait de faire cesser le doute, chasser l'ignorance et l'erreur, donner la certitude et conduire en pleine vérité, en se bornant à basculer entre l'Induction et la Déduction. Ce catéchiste-là en est encore, sans y prendre garde, à cultiver les *racines grecques* de Port-Royal des Champs.

« Il y a, dit Port-Royal, deux sortes de méthodes pour découvrir la vérité : l'analyse et la synthèse.

« Par l'une on monte d'une vallée en une montagne, et par l'autre on descend de la montagne à la vallée.

« On y doit pratiquer (dans l'analyse aussi bien que dans la synthèse) de passer toujours de ce qui est connu à ce qui l'est moins. »

Dans ce dernier mot, il y a bien quelque lueur de l'Analogie; mais ce procédé est confondu dans les autres comme un accessoire. Ce n'est point assez.

En quoi la synthèse et l'analyse nous donnent-elles dans le lion, ce qu'y voit le Fabuliste, le portrait d'un César ou d'un Louis XIV? Ces deux premiers procédés concourent sur ce point à la recherche de la vérité; mais la pleine découverte est déterminée par le troisième procédé de la méthode naturelle, l'Analogie. J'aurai beau disséquer le lion dans toutes ses profondeurs et puis le recomposer à toutes ses hauteurs, encore faut-il une autre opération de l'esprit, pour trouver, dans le roi des bêtes, le roi des hommes animaux, le prince dominateur des barbares et des civilisés.

Il y faut la comparaison, la science de la psychologie comparée.

L'Analyse et la Synthèse peuvent nous retenir et fixer sur un même objet. Mais l'Analogie, allant de l'un à l'autre, donne par comparaison le rapport des êtres entre eux et avec leur principe unique.

« Cette considération des choses, dit saint Thomas, la vue de l'une nous éclairant sur l'autre, nous élève à les voir jusque dans la lumière divine. »

L'Analogie ne nous mène pas seulement du connu à l'inconnu; elle nous conduit en outre, du petit au grand, du protosperme que j'observe sous le microscope au ciel étoilé que je contemple au foyer de mon télescope, du visible à l'invisible, de l'homme connu au Dieu inconnu.

L'Analogie est le lien intellectuel des êtres, et à ce point universel, qu'il met en rapport, *par contact d'extrêmes,* la matière la plus passive et l'esprit le plus actif. Frappez une pierre dure, l'électricité latente vous répond par un éclair et par un calorique dégagé. Or, électricité, lumière et chaleur mettent notre esprit, du fond même de ce caillou, en rapport avec la toute-puissance génératrice, avec le soleil des intelligences, avec l'amour, embrasement des cœurs exaltés.

Et rappelons ce mot considérable de saint Thomas d'Aquin : « L'Analogie se rapporte à la puissance des sens. »

L'Analogie tient tout spécialement au sens, parce qu'elle est l'agent de l'engrénage universel des choses, et qu'elle a la puissance de nous élever des choses tangibles aux morales et aux abstraites, d'unir la fatalité à la liberté, ce qu'on appelle *un rien* au *grand tout*, l'atome minéral à Dieu.

Il s'ensuit que le procédé analogique, tout autant et plus (dirais-je, s'il était possible) que l'analyse elle-même, est un merveilleux instrument de la méthode expérimentale ; car elle descend, au service de l'esprit humain, jusqu'aux abîmes obscurs de la terre, pour le transporter et ravir dans les altitudes lumineuses du ciel infini.

Est-il besoin de dire que la méthode expérimentale se subdivise en cinq branches, pour correspondre à la diversité des puissances sensitives ?

Cela saute aux yeux, aux oreilles, au nez, au goût et au tact, au toucher, dont l'organe principal, plus important même que la main, dont le signe capital est la *langue*, d'où la parole ; la bouche, orgue miraculeux, où, sans le secours des mains, l'âme humaine sonne, chante et concerte, frappant par le rythme, éclairant par la mélodie, et faisant tout épanouir dans l'harmonie.

Qu'un platonicien essaie donc d'analyser et

de comprendre l'homme en bornant son étude à l'entendement, alors que toute l'intelligence humaine s'exprime par cet instrument merveilleux de la sensibilité, la langue.

Qu'un cartésien commence donc la recherche de la vérité par l'âme raisonnable, par la raison, sans se soucier de la langue, où l'âme et le corps sont à ce point en un, que la langue, c'est la parole, c'est le verbe; et le verbe, c'est l'homme; et s'il est une certitude, c'est que l'âme humaine est là, au bout de la langue, plus vivement, plus évidemment, plus réellement saisissable, que dans les obscurités de la boîte osseuse et dans la glande pinéale, foyers vivants sans doute, mais qu'on ne peut observer que sur le mort, dans le cadavre.

Qu'un Descartes enfin, malgré son immense puissance intellectuelle, s'entête à suivre sa méthode boiteuse, gêné par elle, empêché, paralysé, il ne fera que retarder la parfaite découverte de la vérité; et, avec la prétention « d'élever l'esprit humain jusqu'au plus haut degré de la science », il n'aboutira qu'à le faire reculer de l'Université catholique du Christ à l'Académie simpliste de Socrate. Et ce noble génie frisera le ridicule, quand il s'imaginera qu'il a « éloigné les esprits de

l'usage et du commerce des sens », tout en
écrivant pour leurs yeux avec sa main et en
parlant à leurs oreilles avec sa langue.

Résumons sur la méthodologie.

Laissant de côté la Théologie, pour nous
tenir positivement debout sur le domaine
incontesté de l'Anthropologie, nous avons
absolument nié que la méthode cartésienne
fût catholique ; et nous avons montré qu'elle
n'est point catholique, parce qu'elle n'est point
intégrale, parce que, se restreignant à la
pensée et au raisonnement abstrait, elle
néglige l'inspiration du cœur, et relègue et
rejette le témoignage des sens.

Cette méthode, prétendue naturelle, est donc
contre nature. Elle n'est pas chrétienne, parce
qu'elle n'est point humaine.

Elle n'est pas plus conforme à la Genèse
qu'à l'Evangile. Elle n'est ni large comme
celle de l'Ecole dominicaine, ni haute comme
celle de l'Ecole séraphique, ni simple et
profonde comme celle du Cénacle apostolique.
Elle n'est pas du philosophe anthropologiste
Jésus, fils de l'Homme, restaurateur et culti-

vateur de la bonne Nature : elle est du sophiste rationaliste Socrate et du métaphysicien Platon et du schismatique Manès.

Et elle a le caractère du schisme, jusque-là de rompre et diviser même la seule branche de l'arbre humain sur lequel elle consent à s'appuyer, l'entendement : sur trois rameaux, elle en casse un ; elle bascule entre l'Analyse et la Synthèse, sans songer à prendre son équilibre et son harmonie dans le rameau en fleurs de l'Analogie.

Donc en vérité, en réalité, René Descartes, très grand penseur incomplet, après avoir trouvé le moyen de dégrader la Bête, a été fatalement entraîné par sa méthode à délaisser l'Enfant et à dédaigner la Femme, ces deux tiers de l'Humanité sur lesquels s'est penché avec le plus d'amour et de respect le Fils de l'Homme, notre Jésus, notre Dieu.

§ 2

PSYCHOLOGIE

SENTIMENTS COMMUNS SUR LES ÉVOLUTIONS
DE L'AME HUMAINE.
TRANSFORMATION DE L'ÉGOISME EN ALTRUISME.

Le sens humain.

Vous avez écrit :

« Auguste Comte a montré que l'ordre des aspirations du genre humain n'est aucunement fortuit; que les opinions humaines ont une filiation propre; que les sociétés ont une force intrinsèque qui annule les influences accidentelles et finit toujours par prédominer. »

Autrement dit : L'Humanité forme la Société.

Victor Considérant a résumé la philosophie sociale de Charles Fourier dans cette proposition :

« Etant donné l'Homme, avec ses besoins, ses facultés intellectuelles et ses affections, trouver la forme sociale adéquate à cette essentielle Humanité. »

Ces belles clartés du ciel scientifique et socialiste n'ont-elles rien de commun avec les lumières du ciel théologique ?

C'est le contraire.

L'Ecole catholique n'a pas cessé de faire reposer la grâce de la vraie science sociale sur le nouvel Adam. C'est *un dogme*, que la société chrétienne doit être analogue à son Principe, qui est le Fils de l'Homme; doit être conforme à l'Humanité saine ; et, par suite, que la Cité sainte doit être apte à comprendre et porter l'Homme renouvelé et perfectionné, comme la Mère de Jésus comporte et enfante son Emmanuel.

Voilà une base commune aux trois Ecoles. Il y a cette différence, peut-être, que, pour Auguste Comte, l'homme sociable moderne n'est tout à fait ni l'Adam primitif cherché par Charles Fourier, ni le nouvel Adam retrouvé par Jésus-Christ et perfectionné en lui et dans ses saints. Votre maître est quelque peu opportuniste, faisant moins que Fourier *écart absolu* des sociétés limbiques, et pratiquant moins que Jésus *la fuite du monde*.

Cependant, vous êtes, comme tous deux, très progressif, car vous dites : « Le sentiment qui suscite le Socialisme est inspiré d'une morale supérieure à la morale des temps passés (1). »

_____

(1) *Conservation, révolution, et positivisme,* p. 35 et 94

Quels temps passés ? et quelle morale dans ces temps écoulés ?

Tout le *Sermon sur la Montagne* constate que Jésus appelait les hommes au sentiment d'une morale supérieure à la loi juive, usée et passée, dit saint Paul. Et le *Sermon de la Cène* annonce que la Chrétienté future est appelée à progresser positivement au delà de ce qu'a fait le Christ : *et majora faciet.*

Nous chercherons, plus tard, ce que les socialistes pourraient bien avoir produit de supérieur aux sentiments et aux œuvres de la communion des saints apôtres.

Pour le moment, un simple coup d'œil sur l'anthropologie va montrer que le même homme, à très peu près, nous est commun ; que la même âme vivante habite le ciel de votre science et le ciel de notre théologie.

Ici encore, comme nous l'avons fait pour la méthode, « dégageons la cathédrale » des barraques qui l'encombrent ; ne laissons pas confondre l'Eglise avec ce qui n'est pas elle (1).

Ce que nous avons dit contre la méthodologie du Cartésianisme et du Jansénisme condamne la psychologie de ces deux Ecoles.

---

(1) « Dégageons la cathédrale », un mot de Léon Gautier qui vaut seul le long poème héroïque de *Rolland.*

Il est bien vrai que, depuis plus de deux siècles, presque tous les apologistes de la religion, en France et ailleurs, ont subi, plus ou moins, l'influence de Descartes et de Jansénius; mais Rome, les ayant mis tous deux à l'index, ne saurait être responsable de leurs égarements.

Pourquoi l'Inquisition romaine a-t-elle montré au doigt de si grands docteurs?

Parce que leur philosophie

1° N'est pas catholique, c'est-à-dire pas universelle; parce qu'elle est exclusive, *simpliste*.

2° N'est pas plus conforme à l'ordre humain qu'à l'ordre chrétien; car elle méconnaît la hiérarchie naturelle, elle n'est point *sériaire*.

Or, *la série dans l'universalité*, voilà le desideratum de la science moderne.

Si l'Ecole naturaliste incline elle-même, parfois, à perdre de vue le sommet de l'ordre universel, c'est pour faire équilibre à une fausse interprétation de la doctrine chrétienne.

Pour avoir suivi la métaphysique grecque, avoir tout donné à l'entendement et tout refusé des privilèges humains au sensitif, l'Ecole pseudo-catholique cartésienne et la philosophie platonicienne ont provoqué, contre l'idéalisme antique, la réaction du sensualisme moderne, emporté jusqu'au matérialisme.

Ces deux écoles ultra-spiritualistes resteront impuissantes à convertir les positivistes de l'Ecole physico-chimique, tant qu'elles n'auront pas restauré dans ses droits légitimes le Sens humain, avec le sens commun.

La métaphysique que répudie la science naturelle, c'est celle qui s'entête à « écarter l'esprit de la matière et du commerce des sens. »

Nous voudrions présenter à vos disciples, devant votre sagesse magistrale, une thèse à la fois plus naturelle, puisqu'elle a pour base le Sens, et plus scientifique, à la lumière d'une théologie plus profonde.

Nous croyons céder, ici, à l'impulsion donnée aux esprits par le Souverain-Pontife. Tout scribe bien instruit dans le ciel théologique, croyant à Jésus-Christ et écoutant son Vicaire, s'efforce d'affranchir l'Eglise des servitudes platoniciennes, en rattachant nos libres pensées à la tradition vraiment orthodoxe.

« J'enseigne depuis trente ans la philosophie, dit M. de Margerie, doyen de la Faculté des lettres de Lille, et je l'enseigne d'une manière incomplète, faute d'avoir étudié la physiologie. »

Et le R. P. Didon, prince de la parole parmi les Frères Prêcheurs, ajoute : « On ne peut pas être bon théologien, si l'on n'est pas physiologiste. »

Ces propositions confirment le mot, déjà cité, de saint Augustin, contre la demi-science; et nous pouvons conclure : « L'ignorance sur les créatures inférieures fausse la connaissance sur le roi de la création. »

Saint Thomas d'Aquin, dans ses leçons sur les *Puissances de l'âme* (1), donne une définition de l'homme conforme (sous un rapport au moins) aux découvertes de la science moderne.

« L'homme, dit-il, n'est pas une dualité, une âme et un corps séparés. L'homme est une unité. L'homme est une âme corporisée, ou un corps animé. Le corps tiré de la terre et l'esprit de vie insufflé du ciel ont été fondus en un pour constituer une âme vivante. L'âme vivante est une. L'homme n'a qu'une âme, douée d'une série de puissances. »

Il est, je crois, regrettable que saint Thomas ait conservé la définition de l'Ecole athénienne

(1) *Somme théologique*, quest. 78.

qui court les rues encore dans notre nouvelle Athènes :

L'homme est un animal raisonnable.

De là vient peut-être que Haeckel, Soury et autres animaux raisonnables se sont crus autorisés à tirer l'homme du singe...

Vous, qui avez su éviter l'excès des darwinistes à outrance, vous savez qu'il a fallu attendre jusqu'à ces deux siècles derniers, pour que Charles Bonnet et Charles Fourier rendissent sa place d'honneur au *Règne hominal.*

Cette saine classification a été scientifiquement consacrée par Isidore Geoffroy-Saint-Hilaire et Quatrefages ; elle est commune, ce me semble, à Auguste Comte et à Littré, avec le docteur Debreyne, bénédictin et trappiste (1).

D'ailleurs, saint Thomas, dès le xiiie siècle, échappait aux erreurs platoniques sur ces points essentiels :

1° Il distingue de l'animal l'Homme redressé dans sa dignité royale ;

2° Il rejette l'idée du corps prison de l'âme ;

3° Il embrasse l'étude de l'homme dans son intégralité.

(1) *Précis de physiologie humaine.*

Pour notre grand théologien, la science de l'âme est la science de l'homme total ; la Psychologie, c'est l'*Anthropologie*.

La série des puissances psychiques s'étend donc de la plante des pieds à la face sublime, de la matière la plus infime à l'esprit transcendant.

Ces puissances sont ainsi distribuées par l'auteur des deux *Sommes* :

1° Celles qui semblent venir d'en bas, qui nous sont communes avec les règnes inférieurs :

> *Puissances physico-chimiques,*
> *Végétatives,*
> *Animales,*

2° Celles qui sont propres à la nature humaine, principales dans l'homme :

> *Sens spirituel, intelligentiel,*
> *Entendement,*
> *Volonté.*

3° Celles que le théologien prétend venir d'en haut, pour nous faire participants à la vie des règnes supérieurs et pour mettre les habitants de la terre en relation avec les êtres célestes et avec Dieu :

> *Vertus théologales,*
> *Dons de l'Esprit,*
> *Béatitudes,* etc.

Telle est l'échelle anthropologique de saint Thomas-d'Aquin; et si le troisième groupe, celui des puissances surnaturelles, n'est point encore admis dans votre ciel scientifique, au moins conviendrez-vous, mon frère, que, pour le surplus, l'anthropologie catholique embrasse l'homme psychique et l'homme physique de manière à satisfaire les vues larges et profondes de la science positive.

Notre Ecole gallicane n'aurait pas concouru à l'éruption du sensualisme brutal et au débordement du matérialisme brute, si elle avait évité l'excès de l'idéalisme, en demeurant fidèle à la philosophie catholique, apostolique, romaine, vraiment humaine, précisée par saint Paul, selon l'esprit du Christ : « Le corps est un, quoique ayant beaucoup de membres ; et, pour qu'il n'y ait point de scission dans l'homme, Dieu veut que les membres les plus infirmes soient les plus nécessaires, et que nous rendions le plus d'honneur aux organes que l'on regarde comme vils (1). »

Vous n'avez donc point affaire à la psychologie aristocratique des sages d'Athènes, qui refusaient le respect aux sens autant qu'au

_____

(1) Saint Paul, I Cor., xii, 12-25.

peuple ouvrier, ensemble considérés comme ignobles et condamnés à l'esclavage.

Non, vous n'avez pas devant vous l'homme de Platon, âme raisonnable exilée dans la *caverne* terrestre, et à qui les sensations n'arrivent que par les *esprits animaux* de Descartes.

L'ange de l'Ecole théologique recommande à notre étude l'homme tel que vous le comprenez. C'est bien là toute votre Humanité, plus l'auréole céleste.

Et, répétons-le, cet homme selon saint Thomas ce n'est point l'homme selon M. de Bonald :

« *Une intelligence servie par des organes.* »

Triple fausseté ! car Bonald, platonicien gallican,

1° Fait du cerveau tout l'homme,

2° Confond le sens interne avec l'organe,

3° Réduit les sens à n'être que les valets de l'intelligence.

Saint Thomas d'Aquin ne tombe pas davantage dans l'erreur de l'Ecole de la *Morale indépendante* qui fonde la vérité et la vie normale sur la conscience. Toute *conscience* qui ne sera pas elle-même fondée sur la *puissance,* verra crouler son édifice moral. C'est pourquoi notre théologien, en ceci d'accord avec les positivistes et les phalanstériens, écrit ce mot profond :

« La conscience peut être déposée, jamais la puissance (1). »

La puissance, voilà le fondement de l'anthropologie théologique.

L'homme est un intermédiaire entre la matière, qu'il tient d'en bas, *ex limo terræ*, et Dieu, de qui lui vient l'inspiration première, l'esprit de vie, *spiraculum vitæ*.

Et tout ce qui le constitue âme vivante, tout cela est en lui force nécessaire, tout cela est avant tout puissance. Puissance bonne, car l'homme est à l'image et ressemblance de l'Eternel;

Conséquemment, puissance triple.

L'homme est trinité : *tres in unum*.

Votre grande science confirme assurément notre théologie, car vous enseignez que l'humanité est :

Amour,

Intelligence,

Sens.

Il n'est plus permis, ni chez vous, ni chez

(1) *Des puissances intellectuelles*, quest. 79, art. 9.

nous, de renvoyer la sensibilité et le sentiment au règne animal. Debreyne, le praticien du Monastère bénédictin, est d'accord avec le théoricien du Phalanstère et avec le maître du positivisme, pour rapporter à l'âme humaine la sensibilité. Et la conséquence de cette science plus éclairée, c'est qu'il n'est plus permis à aucun homme de bon sens d'affecter la damnation ou le mépris des sens, et de la chair, et de la matière. Dès le principe, Dieu a contemplé toutes ces choses comme bonnes et très bonnes, *valde bona*.

Et cette puissance sensitive, bonne en elle-même, est comme à l'état d'instinct humain, avant d'être raisonnée par l'intelligence et finalement voulue par l'amour.

« Il y a, disent Bossuet et Fénelon, dans l'homme, des *idées générales confuses, des persuasions invincibles,* que le philosophe ne peut ni pleinement expliquer, ni révoquer en doute. »

Et Thomassin dit, plus précisément, avec saint Thomas d'Aquin : « Il y a un *sens divin,* par lequel l'âme touche à Dieu sans le comprendre, et qui est comme l'*aurore de la vérité surnaturelle.* »

Ce que le chrétien croit vrai pour le surnaturel, ne peut qu'être vrai pour la vie naturelle, puisque, selon notre foi, l'âme humaine est à l'image de Dieu. Il y a donc un sens humain, un instinct profond, qui révèle à l'homme son être, ses mouvements et sa fin, avant même qu'il ait compris par l'intelligence. C'est aussi, pour lui, une aurore de la vérité naturelle :

Aurora prænuntia solis.

Le grand physiologiste Brown–Séquard a fait des observations d'un vif intérêt sur cette puissance instinctive prévenant la raison.

S. E. le Cardinal Manning, primat d'Angleterre, parle, sur ce chapitre, comme le savant positiviste du Collège de France. « Il peut arriver, dit-il, que la connaissance du philosophe soit moins parfaite que celle de l'enfant. Il y a dans la simple puissance de la vie l'instinct de la connaissance, que doit développer la raison, mais qui, parfois, a des clartés que le travail de la pensée peut, un instant, obscurcir (1). »

Thomas Didyme, qui est un expérimentaliste, pour croire à la résurrection, attend que le Ressuscité lui ait fait toucher ses plaies.

---

(1) *Raison et révélation.*

Saul de Tarse, qui est un rationaliste, n'est arraché à son incrédulité et à sa haine, que par une abondante lumière qui l'envahit et une voix qui parle à sa raison.

Mais Simon Barjonas, qui est un homme simple, tout d'instinct et de sentiment, a le premier, par intuition, la connaissance de la vérité. Pierre, l'apôtre de la foi, que l'on croit aveugle, voit la lumière avant les esprits les plus forts, avant saint Thomas, avant saint Paul, même avant saint Jean.

Pierre est la base de l'édifice théologique, parce que l'inspiration et l'instinct précèdent tous les succès de la science réfléchie et approfondie.

Thomas vient après, pour justifier la méthode expérimentale.

Paul, plus exercé, plus savant, avec toute sa raison, est plus rebelle et moins prompt, et moins apte à se faire comprendre; il y a chez lui « quelques endroits difficiles à entendre et dont on peut fausser le sens »; il aime l'étude, et il veut l'étude.

Jean, sans avoir la fougue emportée, ni le doute, ni le labeur des autres, se couche sur le Cœur de son Maître, pour y puiser, dans l'amour, une pénétration plus haute des vérités

éternelles. *Altius cœteris Dei patefecit arcana*.
Et c'est en s'attachant à la Mère du Christ, à
la Femme, « cœur de l'humanité », que le
Disciple bien-aimé s'élève aux cimes de la
sainteté.

Ce qui est vrai dans le ciel théologique est
vrai dans le ciel scientifique. Il y a trois procédés pour parvenir à la connaissance universelle :

L'expérience sensible,

L'observation rationnelle,

La contemplation cordiale.

Et de ces trois, en un, résulte la possession,
dans la paix, de la pleine lumière.

Mais ces trois mouvements décisifs sont
précédés d'une impulsion instinctive, naïve,
enfantine, comme parle le Cardinal Manning.

Et ce premier mouvement, que les matéria-
listes croient venir d'en bas, nous croyons
qu'il vient d'en haut et du fond essentiel de
l'âme humaine. C'est parole d'Évangile.

« Tu es heureux, Simon, fils de Jean, car
ni la chair, ni le sang ne t'ont révélé ceci, mais
mon Père qui est dans les cieux. »

Les deux erreurs modernes, excès du matérialisme, excès du rationalisme métaphysicien,
sont rectifiées dans ce verset.

D'une part, ni la chimie, ni la physiologie ne suffisent, selon Jésus, pour produire l'âme vivante et lui donner l'intuition de la vérité ; ni la monade, ni le singe !

De l'autre part, il n'est pas absolument nécessaire, pour être frappé par la lumière spirituelle, d'avoir longuement observé, réfléchi, médité, d'avoir fait de l'analyse et de la synthèse et de la métaphysique à perte de vue.

Il a suffi de l'impulsion primaire du Père qui est dans les cieux.

Or, d'après l'opinion commune des Docteurs catholiques, le Père, au sein de la Trinité, c'est la Puissance, génératrice de la Raison et de l'Amour ; les cieux signifient les âmes, les êtres spirituels : *animæ justorum, mentes perfectæ* ;

Et la Puissance éternelle à laquelle Dieu a fait participer l'âme humaine en la créant à son image, la Puissance naturelle en nous, se manifeste d'abord par le Sens actif, avant de s'exprimer dans l'Intelligence et dans l'Amour.

Simon-Pierre a été frappé par le premier mot du Christ : « Suivez-moi » ; mais, assurément, il n'avait d'abord rien compris au second mot : « et je vous ferai devenir pêcheurs d'hommes. »

Il avait pris Jésus pour un fantôme, quand il le vit marcher sur la mer.

Peut-être avait-il entrevu la Colombe qui toucha de l'aile son maître Jean-Baptiste; et entendu la voix mystérieuse, disant : « Celui-ci est mon fils bien-aimé. »

Tout cela n'avait ni pénétré la raison, ni attendri le cœur du pauvre ouvrier; mais il est bien nommé l'Apôtre de la foi : *Fides ex auditu*. Pierre a entendu, il répond à la vocation; il a vu, il a senti. C'est assez pour saisir la vérité et la confesser.

Le Sens est le premier degré de la connaissance et de la possession des êtres.

Et, d'après la théologie mystique la plus haute, de même que le premier chrétien a été conquis au Sauveur par la vue et par l'accent de la voix, c'est encore par le Sens que toute la chrétienté sera acquise au Consolateur, dans le jour de la Résurrection générale : il y aura preuve expérimentale, évidence sensible; *sicut fulgur, ita erit adventus Filii Hominis*. Dans l'*Apocalypse*, comme dans le premier *Evangile*, la Révélation de là Vérité absolue, de la Raison éternelle et de l'Amour infini, est toujours, avant tout, un fait sensible, qui frappe le Sens.

On peut méconnaître les dogmes catholiques et se moquer de ce qu'on appelle les *légendes chrétiennes;* mais il n'est pas possible à la libre pensée d'en nier la signification psychologique. Depuis le mystère de l'Incarnation jusqu'au Sacrement de l'Eucharistie, depuis l'expérimentation de saint Thomas jusqu'à la vision de la bienheureuse Marguerite-Marie, toujours de notre Principe divin s'exprime d'abord un acte sensible, pour agir sur la puissance qui éclôt la première de l'œuf humain : le Sens.

Le Sens, c'est tout l'Homme, au premier aspect, de la base au centre et au sommet.

C'est la réalité, c'est la vérité, — mais à la condition que la sensibilité de l'homme ne soit pas confondue avec la matière, ni dégradée parmi les esprits animaux ; à la condition que le Sens humain soit considéré dans sa puissance humaine, à l'image de la divine Toute-Puissance.

Fondement profond de l'homme, le Sens s'étend, en toute largeur, à toutes les hauteurs de l'être.

Par lui s'éclaire la Raison et s'épanouit le Cœur.

Le Sens est la première puissance manifestée dans l'homme. Il frémit dans la matière avant l'intelligence, avant l'amour ; et il est le générateur de l'entendement et de la volonté.

Il est l'essence d'où provient l'arbre, et c'est sa propre sève sensitive qui s'épanouit dans les fleurs et les fruits, d'où sort le germe nouveau de toutes les générations.

La gamme des sens se développe dans une échelle ascendante ;

Et chaque sens progresse en soi-même.

Le tact perçoit et produit d'abord, et dès l'état fœtal, des impressions sourdes, élémentaires, avant d'arriver par le contact des pieds sur le sol à assurer la locomotion, avant de parvenir par l'exercice des mains à la création industrielle et artistique, avant de servir à la poignée de main, à l'embrassement cordial et de s'épanouir dans le baiser suave de l'amour maternel.

Le goût, agent de l'alimentation, peut être considéré comme opérant déjà dans l'embryon ; et quel progrès, depuis le nourrisson tétant, jusqu'au bambin choisissant entre les fruits et les gâteaux, jusqu'au gourmet dégustant les mets et les vins exquis ; et quelle part prend le sens du goût aux relations sociales et religieuses dans les dîners d'amis, les agapes,

les festins de noces et enfin à la Sainte Table
de la Communion, où il plaît à Dieu de se
donner à l'homme au moyen de l'un des sens
les plus méprisés par les Manichéens, les
Puritains et les Jansénistes.

L'odorat commence obscurément, comme
les autres. Il sert d'abord à écarter les ma-
tières puantes; et puis il s'attache aux sub-
stances saines et embaumées; et il finit par
devenir l'agent d'une industrie considérable
et d'une science délicate; et il aboutit à remplir nos temples de ses aromes, par faire
communier ses baumes et ses parfums avec
l'encens spirituel de la prière.

L'ouïe, lente à s'ouvrir, perçoit des bruits
confus; puis les distingue, choisit leurs impressions préférées; ensuite les reproduit,
fait entendre aux autres ses battements de
main, son rire et puis sa voix naissante qui
ravit le cœur maternel; et enfin, écoute et
comprend les chants et les symphonies, et
devient l'agent de la merveilleuse création
des instruments de musique, des orgues, des
chœurs combinés, et de tous ces miracles
d'harmonie qui font de nos églises comme un
angélique organon sonnant à la gloire de Dieu.

La vue enfin, dont l'organe domine les

autres, commence comme les autres par des perceptions vagues, par des visions confuses ; et puis se fixe et s'affermit et s'étend en profondeur, en largeur, en hauteur, jusque-là de pénétrer dans l'infiniment petit avec son microscope, dans l'infiniment grand avec son télescope, et d'embrasser l'univers entier rempli de ses rayons, progressivement vainqueurs de toutes les ténèbres.

Et ainsi s'explique que le plus grand métaphysicien du ciel théologique, saint Jean, ne trouve rien de mieux que le témoignage de tous nos sens pour révéler le Dieu manifesté et vivant en nous :

« Ce qui a été dès le commencement, le Principe même de la vie, le Fils du Dieu vivant, nous l'avons entendu, nous l'avons vu de nos yeux, nous l'avons pénétré, nous l'avons fréquemment touché de nos mains ; nous avons senti l'odeur de suavité qu'exhalaient ses vertus ; et nous tenons de sa bouche même qu'il faut non seulement écouter sa parole, mais encore manger et goûter sa chair divine, pour participer à sa divinité et jouir de la vie éternelle (1). »

(1) I S. Jean ɪ, et Evang., vɪ, 59.

Eh bien, ce privilége miraculeux : contempler la gloire de Dieu et devenir, à la ressemblance de son Fils, des hommes-dieux, ce miracle est contenu dans le *sens humain*, comme l'arbre en fleurs et couvert de fruits succulents est dans le germe végétal.

Tout l'être humain est dans son germe en puissance, et passe en acte avec le concours des éléments qui l'entourent ; et, venant le premier au jour, l'homme sensitif se développe entre les bras du prochain et se perfectionne sous les rayons de Dieu.

Et lorsque, sous la double influence de la providence sociale et de la providence céleste, l'entendement et la volonté se manifestent, le Sens leur reste associé indissolublement et il a part à toutes leurs floraisons et à tous leurs bienfaits, comme la sève, partant des racines, monte dans le tronc et s'épanouit dans les fleurs et les fruits.

Le sens humain est si bien *sui generis*, est si peu engendré par la matière brute et passive, qu'il a, par excellence, ce signe de notre ressemblance à Dieu, *l'activité*. Il est à ce point actif et spirituel, qu'il s'élève jusqu'à communier à l'*Acte pur*, à l'*Esprit infini*.

— Mais, dit-on, les Sens ne s'élèvent à leurs

perceptions supérieures que grâce à l'action de l'entendement et de la volonté.

— Assurément. Le Sens, l'Intelligence et l'Amour concourent entre eux, comme opèrent ensemble l'électricité, la lumière et la chaleur.

Nous croyons qu'à la base de tout mouvement de lumière et de calorique, il y a l'impulsion de l'électricité.

Ainsi, le Sens engendre l'Entendement, et de tous deux procède la Volonté.

Et c'est pourquoi saint Thomas d'Aquin a confirmé ce mot profond d'Aristote :

Nihil est in intellectu quod non fuerit prius in sensu.

On a ajouté, très judicieusement : *nisi ipse intellectus.*

Complétons la thèse : *et amor.*

Sens, Intelligence, Amour.

L'un contient les autres ; tous trois sont en un ; et il y a dans leurs énergies distinctes un acte de circumincession, à l'image de ce qui se passe, au plus haut, dans le sein de la divine Trinité, et à l'image de ce qui se passe, au plus profond des choses, dans la trinité des forces physiques.

S'il n'en est pas ainsi, si l'homme n'est qu'entendement et volonté, c'est-à-dire *dualité,* comment serait-il à l'image de Dieu, qui est *trinité?*

L'obscurité sur cette question vient de ce que l'on confond toujours le *Sens* avec les *organes des Sens.*

Il est évident que si Dieu est un pur esprit, il n'a pas d'organes matériels; mais il est certain que Dieu voit, entend, odore, goûte, touche et plasme : donc, il a toutes nos puissances sensitives en leur essence spirituelle.

Saint Thomas nous ouvre l'esprit sur ces profondeurs, quand il fait une distinction subtile, mais exacte sur le *sensitif intelligentiel*, sur les *Sens spirituels.*

Dieu est le principe du Sens spirituel, comme il est le principe de toutes les facultés actives par lesquelles nous sommes à son image, comme il est le principe de cette *sensibilité universelle* qui manifeste l'empreinte divine dans tous les êtres inférieurs.

— Mais, me direz-vous, les métaphysiciens spiritualistes vont crier au Panthéisme.

— Que nous importe? si Rome nous laisse dire: *Per os Petri verbum evangelii.*

Celui-là est panthéiste, qui confond tout pêle-mêle, Dieu, l'homme, le singe, le mollusque, le chou pommé et la poussière; celui qui n'admet ni le Principe créateur, ni la série des sphères, ni leur hiérarchie, ni les personnalités rectrices, qui méconnait les lois les plus connues de l'ordre universel.

Oui, la sensibilité est, comme pensait Claude Bernard, « la propriété fondamentale de la vie en général » ; et nous disons plus : cette puissance sensitive, partout répandue, produit de vagues lueurs d'intelligence et d'amour, même dans la bête et dans la plante et jusque dans le minéral ; car qu'est-ce que la forme d'un être sinon l'expression de sa loi intérieure ? et qu'est-ce que l'affinité chimique, sinon une ombre de cohésion affectueuse, d'amoureuse attraction ? Si toutes les créatures, comme parle le Théologien, sont *vestiges de Dieu,* elles doivent toutes, plus ou moins et presque imperceptiblement, porter un signe quelconque de la divine Trinité.

Oui, tous les êtres ont la vie en Dieu ; mais distincte de la sienne, et chacun selon sa mesure. Dieu s'est réservé le Sens divin ; il a donné à l'homme le Sens humain ; à la bête, le sens animal : à l'arbre, la sensibilité végétative ; aux pierres précieuses, une sensibilité capable de réfléchir ou réfracter diversement les splendeurs variées des soleils.

8*

La puissance sensitive de l'humanité est absolument distincte de celle des règnes inférieurs ; elle est suréminente, royale, digne des enfants de Dieu.

Et ce qui caractérise le Sens humain, c'est qu'il nous unit à l'Humanité, à l'Univers, et à Dieu même.

Comme nous l'avons vu plus haut, chaque sens, de plus en plus illuminé par la Raison et harmonisé par l'Amour, se développe en lui-même et se perfectionne, jusqu'à participer et concourir à la vie sociale et religieuse.

Mais, de plus, la gamme entière des sens monte sur une échelle, dont le pied porte sur la terre et dont la tête pénètre dans le ciel.

Il est certain que le Tact et le Goût correspondent davantage au *Nécessaire* et à l'*Utile*, et que s'ils concourent, avec l'Odorat, à l'*Agréable*, ils ne conviennent pas autant que l'Ouïe et la Vue à la réalisation et aux jouissances du *Beau*.

Cependant toutes ces notes hiérarchisées concordent pour un même concert ; et il est vrai de dire que chacun des cinq sens passe de l'usage Nécessaire à l'Utile et à l'Agréable, et s'élève au Bon et au Beau.

Il suffit de faire remarquer que, dans le

culte catholique, tous les sens sont appelés à prendre leur satisfaction au service de l'Eglise, de l'Humanité sainte, et pour la plus grande gloire de Dieu.

Enfin, une dernière considération va faire comprendre à quel point le Sens fait partie essentielle et intime de l'âme humaine, et commande en quelque sorte aux sphères de l'Entendement et de la Volonté.

Le verbe est l'homme même. Or, c'est au langage des sens que l'homme emprunte ses termes pour exprimer les choses de l'intelligence et de l'amour.

« Venez et voyez. Venez à l'admirable lumière de Dieu. Goûtez les dons de l'Esprit-Saint, et la beauté du verbe et les vertus de la vie éternelle. Goûtez la suavité du Seigneur. »

Ainsi parlaient saint Pierre et saint Paul.

« Attire-moi dans tes bras ; nous courrons à l'odeur de tes parfums. »

Ainsi parle l'Epoux du ciel à l'Epouse mystique.

Toutes les langues ont conservé et développé sur toutes les lèvres de l'Humanité ces images bibliques, empruntées par les Prophètes au domaine des sens.

Le *bon sens* produit le *bon goût*, le *tact* de

l'*âme, la chasteté de l'oreille*. Entendement vient d'*entendre*. Les hommes de Dieu ont des *vues profondes, saines,* de *grandes vues ;* ils meurent dans le Seigneur, en *odeur de sainteté. L'Apocalypse* de saint Jean est une *vue de l'esprit et du cœur,* une *vision béatifique.*

Le verbe, c'est l'homme même. C'est par la parole que la Raison divine est absolument unie avec la Puissance du Sens divin.

Or, s'il est vrai que tout l'homme sensitif est le siège du sens divin, comme le corps est tout entier le siège de l'âme, il est cependant incontestable que le siège principal du sens est *la bouche,* l'organe créateur, celui d'où jaillit le *fiat lux* de la vie morale, sociale, religieuse. La bouche est le foyer à la fois du tact et du goût. La bouche, c'est la parole même ; *os sermo ipse.* La parole frappe et touche, transporte et ravit. Depuis le *Papa,* que la mère fait répéter à l'enfant, jusqu'à la parole suprême du Fils de l'Homme crucifié : *Ecce mater tua;* depuis le *Gloria* des bergers, jusqu'au *Magnificat* de la Femme sainte, la parole est l'acte sensible le plus touchant et le plus pénétrant. La pensée et l'amour sont au bout de la langue. Les poètes symbolistes résument dans la bouche une figure de la Trinité :

Les Dents, c'est le sens interne, *interni sensus, robora virtutum;*

La Langue, c'est le verbe, glaive de la parole;

Les Lèvres, ce sont les baisers de l'Esprit d'amour (1).

Amour vient de âme.

Le centre, le cœur de l'Humanité, c'est l'amour, la cordiale volonté.

La tête, c'est l'entendement, l'intelligence, la raison.

Les membres, ce sont les sens, dont le pivot est la langue.

Retrancher les sens, pour les renvoyer à l'animalité, c'est ne laisser subsister qu'un cul-de-jatte. Et pas même!

Car il a paru convenable à Dieu ou à la Nature (comme il vous plaira), il a été agréable à la Puissance créatrice plasmant le corps humain, de choisir la place d'honneur, la face, *os sublime,* pour y rassembler tous les organes du sens, tous ainsi, manifestement, destinés à la comtemplation, que leur inspire le Cœur et que règle la Raison, et dont l'expression est la Parole.

(1) *Spicilegium Solesmense.De re symbolica.*

Pour pratiquer sa méthode conforme à sa psychologie, pour éviter à la libre pensée le commerce des sens, Descartes aurait dû fermer ses yeux au visage sublime, et claquemurer sa raison transcendante derrière la boîte osseuse du cerveau, sur le trône de la glande pinéale....

C'est avec cette belle philosophie platonicienne et manichéenne, luthérienne et calviniste, cartésienne et janséniste, qu'on a mis en suspicion le culte catholique, sous prétexte qu'il accorde trop aux sens.

L'Eglise catholique sait qu'il a plu à Dieu de s'incarner dans un *petit enfant,* et de présenter d'abord le Fils du Dieu vivant, croissant en force, en grâce et en sagesse, dans *l'âge sensitif,* avant de produire la Lumière du monde dans le plein de son apostolat viril, avant de faire monter sur la croix l'Amour infini.

Tel est l'ordre de croissance de l'Humanité, telle que vous l'aimez, à l'image et ressemblance de l'Homme-Dieu, que nous adorons.

Luther, une grande âme hors d'équilibre et désorbitée, a attaqué la Papauté dans Léon X à cause de quelques débordements du sensualisme; et le Protestantisme, affectant, au nom de la raison, de s'écarter de saint Pierre pour se rallier à saint Paul (sans s'apercevoir qu'il allait ainsi directement contre l'exemple et la leçon formelle de l'Apôtre des Gentils), s'est écrié tout d'une voix : « Moi, je suis à Paul ! Au diable Céphas ! »

— Le Christ est-il divisé ? » répond toujours saint Paul à toute manie schismatique (1).

Après Luther, Calvin et Henri VIII, est arrivé Swedenborg : « Moi, je suis à Jean ! » Et après le grand schisme des chrétiens, a éclaté la grosse rupture des libres penseurs : « Moi, je suis à Apollon ! » C'est apparemment au nom du Phébus candide que l'ami des Noirs, le vainqueur de l'esclavage, Victor Schœlcher, le plus cordial des positivistes, sinon le plus lumineux, vient de procéder à la démolition radicale du temple de saint Paul (2). Qu'en disent les protestants et les antislaveristes anglicans, qui ont lancé Paul comme une bombe à la tête de Pierre ? Voilà où conduit l'esprit de division !

L'Eglise catholique ne scinde pas le corps

—

(1) I Cor., i.

(2) *Saint Paul,* où l'auteur renvoie l'Apôtre des Gentils à l'école laïque, pour lui apprendre à affranchir les esclaves.

apostolique. Rome a persévéré à embrasser dans une même vénération, avec Simon-Pierre, Jean et Paul, avec le Père fécond de l'enfantine Chrétienté, le tendre *Amant* et le savant *Raisonneur* de l'Humanité sainte, croissante en âge, en grâce cordiale et en science.

Saint Pierre, c'est l'Apôtre du sens pratique et positif, du bon sens ; c'est lui qui a, par excellence, le Sens du Christ, *sensum Christi*, le sens commun de la bonne Nature, prompte à saisir le divin. — Le plus savant des évêques de France, en tournée de confirmation dans son diocèse de Grenoble, Mgr Ginouilhac, venait de prêcher, et sur un ton très élevé, dans le petit village de Saint-Romans. Le bon curé, M. Seymat, avisant un vieux paysan : « Eh bien , père, que dites-vous du sermon ? avez-vous bien compris ? — *Ça se sent !* répondit le bonhomme touché, édifié. C'est bien la vérité. »

— « Cela se comprend-il ? Qu'est-ce que la vérité ? » aurait objecté un libre penseur rural. Et il n'aurait pas eu tort. Il ne suffit pas que cela soit senti ; il faut que *ça se fasse comprendre*.

Le pêcheur de Judée, esprit simple, a senti,

a entendu ; cela suffift pour croire à la Vérité manifestée : *fides ex auditu*. Il parle ; il transmet le sens au sens, avec l'impression reçue, le commencement de la connaissance : « Dieu, dit-il, m'a choisi d'entre vous, pour que les nations croient la parole de l'Evangile qu'ils entendent sortir de ma bouche (1). » Ainsi, notre paysan du Dauphiné sentait la vérité sous le manteau d'une diction savante. Mais la sensation du bien ne suffit pas pour accomplir l'Evangile.

Saint Paul vient par-dessus, Docteur à la forte raison, parlant à la raison plus éclairée le langage de la science démonstrative.

Et enfin, pour vaincre les dernières résistances des naturalistes et des philosophes, saint Jean, presque sans parler, comme fait la sainte femme, *sine verbo*, le disciple de l'Amour donnera au cœur humain, avec le baiser de paix, la flamme qu'il a puisée au cœur du Christ, épanouissement de la force et de la lumière (2).

Pierre ayant parlé, Paul conquiert à l'enseignement paternel et magistral l'acquiescement

(1) Actes, xv, 17.
(2) I S. Pierre, iii,1 ; S. Jean, xiii, 25.

raisonnable, et Jean inspire au cœur l'amour de la parole évangélique.

Les swedenborgiens, s'étant pris d'idolâtrie pour saint Jean, demeurent suspendus en l'air, sans base sensible et sans raison positive, errant assoupis dans leurs visions mystiques.

Les Luthériens, idolâtres de saint Paul, ont pris, loin de saint Jean, un air doctoral glacial; et, loin de saint Pierre, ils ont éteint le Culte et enterré l'Art divin. La belle façon de glorifier la raison humaine et la liberté de l'âme!

Saint Pierre, agissant le premier et parlant, produit dans le fait dogmatique la réalité même : *quod ubique, quod ab omnibus*. De ce fait attesté sort le fruit cordial, la morale évangélique. Dogme et éthique s'expriment dans la beauté du culte, qui est l'irradiation de l'amour : *Omnis gloria ab intus*.

Ces trois sont en un. Quiconque les divise désole l'Eglise; car Pierre, Paul et Jean sont les trois colonnes de l'édifice judéo-chrétien. Retranchez une des bases du trépied sacré, rien ne tient plus; l'équilibre religieux et scientifique provient des trois en un : *funiculus triplex*.

Et quiconque les divise, jette un ferment de division dans le champ de la science positive;

car ce sont les trois plus grands témoins de la plus grande des histoires réelles.

Pierre, Paul, Jean, les trois caractères variés et consonnants, qui donnent la monnaie de l'or du Christ.

Littré, psychologue attentif, sait que les *caractères* jouent un rôle considérable dans l'activité spirituelle et le développement général de l'Humanité. Si Molière est le plus grand de nos poètes français, c'est qu'il a porté au plus haut degré la *comédie de caractère*. Il donne dans ses personnages la monnaie de l'Homme naturel. Si l'Alceste du *Misanthrope* et Francisque le pauvre de *Don Juan* sont les deux plus beaux caractères du théâtre français au XVIIe siècle, c'est qu'ils résumaient, il y a deux cents ans, le double desideratum aujourd'hui formulé par le chef de l'Ecole positiviste :

« Sortir du monde de l'iniquité et de la guerre, pour réaliser la justice et la paix (1). »

Alceste s'écriait :

« Je vais sortir d'un gouffre où triomphent les vices,
Et chercher sur la terre un endroit écarté
Où d'être homme d'honneur on ait la liberté. »

(1) *Révolution et positivisme*, par Littré, ch. XVII, p. 302. Théorie positive de la révélation et de la félicité.

C'est loin du Monde, de la Cour et de la Ville, que le *Pauvre de la forêt* révèle au courtisan impie, étonné de la rencontre, une figure de l'homme d'honneur, de l'homme libre.

Et le bon La Fontaine, précisant la leçon, fait dire par le *Solitaire* aux hommes de bonne volonté :

.....« Vous êtes-vous connus dans le monde ?...
Pour vous mieux contempler, demeurez au Désert....
Apprendre à se connaître est le premier des soins
Qu'impose à tout mortel la Majesté Suprême. »

Littré est l'un des Saints du Fabuliste. Il a toujours évité le monde et cherché les lieux pleins de tranquillité, silence des bois et des bibliothèques, où, dans le calme de la nature et de la pensée, l'homme se retrouve et dégage de la légende des siècles l'image vraie de l'Humanité. Il sait, lui, savant historien, que ces trois illustres apôtres, rayons splendides de l'Evangile, en se composant, nous donnent à contempler le Fils de l'Homme, candeur vivante de la Lumière -infinie. Il sait comment ces trois caractères, réfléchis dans le ministère épiscopal, dans l'apostolat de la science et dans la vie monastique active, ont concouru à faire renaître l'âme humaine et à imprimer sur elle le cachet d'une perfection supérieure. Il sait que du IVe au XVe siècle, ces trois gé-

nies, expressions variées d'une même doctrine
et d'une même sainteté, endoctrinaient et sanc-
tifiaient l'Humanité, pour la retirer du monde
de l'iniquité et de la guerre et l'attirer vers la
Cité du Dieu de la justice et de la paix ; et que,
sous l'impulsion d'un saint Grégoire le Grand,
à la fois Pape, Docteur et Moine cénobite, ces
trois forces vives travaillaient en un, indissolublement, à la commune édification. Il ne
peut pas nier que la division de ce triple foyer
de la vie puissante, de l'intelligence lumineuse
et de l'amour harmonieux, date de la Renaissance de l'esprit païen, favorisé par les Puissances laïques sécularisées.

Il est certain que de cette scission des trois
forces nécessaires au progrès humain est ré-
sulté un *retard de développement*. Il y a depuis
trois cents ans conflit entre l'intelligence mal
éclairée et qui demande de la lumière et encore
de la lumière, et le bon sens peu éclairé qui
se trouve bien où il en est. Il faut que ce tiraill-
lement cesse. Toute la terre soupire après la
paix, toutes les âmes de bonne volonté aspi-
rent à la réconciliation. Joseph de Maistre a
crié de sa grande voix, confuse parfois, mais
prophétique :

« Nous marchons vers une grande unité,

celle de la foi et de la raison... L'univers est dans l'attente d'une révélation de la révélation, d'une troisième explosion de la toute-puissante Bonté en faveur du genre humain. »

La voix d'un autre grand prophète anglican, du bon Samaritain Herschell, a répondu :

« Le moment semble venu, moment admirable que nos pères ne prévoyaient pas, où la Science et la Religion, sœurs éternelles, se donneront la main ; où ces nobles sœurs, au lieu d'engager une lutte funeste, concluront une alliance sublime. »

« Bientôt, disent Elie Margolle et Zurcher, le globe conquis par la science sera pacifié par l'Evangile. »

Et la voix du plus grand des savants positivistes, prophète lui aussi, puisqu'il nous donne à entrevoir l'Age d'or dans le Paradis terrestre retrouvé, la vôtre, Monsieur Littré, conclut : « Dans ce conflit entre les deux autorités (religieuse et scientifique), la Science aura le dernier mot. »

Oui, cher maître, dès que la Science se laissera pénétrer par l'Amour.

L'explosion suprême que vous attendez avec nous, c'est celle du feu caché au sanctuaire du cœur.

L'amour du prochain, nous l'avons tous au fond de nous ; c'est le trésor du cœur ; c'est, dit Jésus, le ciel dans l'âme. Mais il semble qu'après trois siècles de divisions nous hésitions à lui donner sa libre expansion naturelle. Notre trésor d'amour, nous le tenons comme en réserve sur le bord de la coupe cordiale ; notre cœur aimant demeure suspendu à nos lèvres : il faut que, venu au bout de la langue, cet amour se laisse tomber dans une parole et passe, dans un baiser pur, aux lèvres et jusqu'au fond du cœur du prochain. Que la bouche parle selon l'abondance du cœur, que l'homme de bonne volonté répande de son trésor la bonté épanouie : aussitôt tout est sauvé entre nous. C'est le triomphe de votre Altruisme. Un mot de vous, vénérable prêtre de la Science, et nous tombons dans les bras les uns des autres, et nous formons tous, Français, Européens, Américains, Indiens, Japonais, la grande ronde de l'amitié joyeuse autour du globe enchanté, sous le concert des cieux chantant hosanna au Christ, prince de la paix !

— *Ego autem Apollo !* crie en vain la libre pensée ; je tiens pour Apollon, je m'en tiens au dieu soleil ; je suis moi-même le dieu du jour, le dieu de la bonne nature et des bonnes gens !

— Hé ! mais, le soleil, c'est le foyer de l'unité physique, physiologique, psychique, cosmique. Il ne divise rien, lui, sinon les ténèbres, que ses rayons dispersent. Le soleil vivificateur des corps, c'est l'image du Soleil des esprits, vivificateur de nos âmes. Comme la connaissance de l'homme ramène à Dieu, le soleil mieux connu va nous faire faire meilleure connaissance avec Celui qui a dit, qui seul à jamais dit : « Je suis la lumière du monde. »

Et donc, si nous, chrétiens et positivistes, nous arrivons à avoir la même vue, la même notion, le même sentiment sur le soleil, la même affection pour sa souveraine fécondité, nous voici bien près d'être absolument d'accord sur le Christ, dans un même amour pour sa bienfaisance.

Le soleil, c'est le foyer de la vie pour les corps, le sanctuaire de la sensibilité universelle, le principe immédiat du sens humain, le père de la Nature sensible.

Or, la principale cause de nos conflits, c'est l'opinion accréditée, depuis Descartes et Pascal, que l'Eglise veut faire enrager la nature et la détruire, et conséquemment, que la Théologie condamne ou méprise la méthode expérimentale, chère aux Sciences naturelles.

Eh bien, nous croyons avoir démontré que, en Jésus-Christ, depuis Moïse jusqu'à saint Thomas et saint Bonaventure et jusqu'à S. S. Léon XIII, le Sens est admis, dans l'Eglise, comme la première puissance de l'âme humaine; le Sens divin, par qui s'engendre l'Intelligence et s'enfante l'Amour; et nous avons vu, d'un coup d'œil sur l'histoire du catholicisme, que Pierre, Paul et Jean n'ont montré, expliqué et fait aimer l'Evangile qu'à l'aide de la méthode expérimentale; et nous avons constaté que le Prince des Apôtres, spécialement, le Vicaire de Jésus-Christ, Simon-Pierre, Bar-Jonas, le Pape, a été, est et sera toujours l'homme du sens, du bon sens, du sens commun, recevant l'inspiration par la vue et par l'ouïe, et la transmettant par sa bouche, et n'ayant dû, au bout de son long duel, sa victoire sur l'erreur et le mal, qu'à l'instrument sensitif par excellence, la langue, *per os, gladio de ore.*

Vous êtes un esprit trop cultivé à la fois et trop élevé, mon cher Monsieur Littré, pour vous trouver offusqué par ces aperçus symboliques

sur les grandes figures de l'histoire ecclésiastique. Vous entendez, vous, toutes les langues
et vous savez les parler. Sous nos images ou
nos symboles, vous discernez les principes et
les caractères d'une philosophie très large,
vraiment universelle, et d'une psychologie
absolument respectueuse du sens humain, et
d'une logique fondamentalement favorable à
la méthode expérimentale.

L'égoïsme et l'altruisme.

Nous avons vu que si le sens, humaine
Toute-Puissance, engendre et produit l'intelligence et l'amour, c'est qu'il leur est semblable
et qu'il les contient en principe.

Nous allons voir comment le *Moi* engendre
et produit l'amour de l'Humanité et de l'Être
universel.

Sur ce point, discordant avec Haeckel et
Spencer, nous nous trouverons concerter avec
Littré dans un même ciel, celui de la vraie
science.

Si l'homme est un microcosme, il s'ensuit
qu'il contient en soi un principe de son développement : c'est ce qu'enseignent les positi-

vistes, et c'est une vérité que révélait Jésus, disant : « Le royaume de Dieu est au dedans de vous. » — Seulement, Jésus ajoutait que le vivant germe humain avait besoin d'un certain soleil, pour se développer dans sa perfection. Nous viendrons, plus loin, à cette question du foyer solaire.

Si, d'autre part, l'homme est une unité, il s'ensuit que l'évolution, le progrès et l'épanouissement de son humanité doivent procéder de tout son être personnel, et non pas, comme prétendent les faux savants, d'une imperceptible cellule de la matière animale, végétale ou minérale.

Pourquoi remplacer le cerveau royal de Descartes et la glande pinéale impériale de Flourens par un atome médullaire, par un insaisissable protosperme, qui n'est point l'Humanité ?

D'où vient cette manie de tout diviser parcellairement et de ne regarder les choses que par un côté, et par le petit bout ?

On nous dit que, dans le Moi, « la tendance de chaque cellule à la conservation d'elle-même suffit pour expliquer tous les mouvements et toutes les expansions de la vie » : c'est beaucoup dire, sans rien démontrer. Car, s'il est

un fait bien constaté par la science expérimentale et consacré par le bon sens commun,
c'est celui-ci :

Mon moi, c'est moi.

Ce n'est donc pas une ou plusieurs de mes
cellules.

Etrange inconséquence d'esprits d'ailleurs
si distingués ! Ils rejettent la causalité d'un
bord, pour mieux courir après, de l'autre
bord. S'ils disent anathème à la cause première descendue du ciel et du sein de Dieu,
pourquoi tant vouloir se faire une idole d'une
cause première remontant de la terre et du
laboratoire le plus bas, *ab infernis ?* Si aucun
ange ne peut leur ouvrir l'œil à l'infiniment
grand, qui diable va leur casser le nez sur
l'infiniment petit ?

Pour nous catholiques, en vérité, en vérité,
nous estimons bonne et féconde la recherche
des causes, hautes et basses ; mais, pour les
pénétrer et les dévoiler, commençons d'abord,
positivistes et chrétiens, par la réalité évi-
dente, dans sa plénitude incontestable. Nous
voulons connaître l'homme : prenons l'homme.
Cherchons-nous dans notre moi, dans lui-
même et dans son entier, et non dans l'une
des innombrables cellules de l'un des poils de

notre barbe virile ou de notre pelage animal.

Mon jeune ami Alexandre Dumas écrivait hier : « La Science, Religion de l'avenir, dont Auguste Comte et Littré sont les prophètes, va principalement à la recherche et à la découverte des causes et des fins de l'homme. » C'est vous aventurer plus loin que vous ne voulez. Tenons-nous-en à « chercher et trouver les moyens et le but de la nature humaine, sous l'impulsion et la garantie de la liberté. » (1)

Dans cette mesure, nos deux écoles peuvent s'entendre! Et qu'on ne vienne pas nous chicaner en objectant que « le Christianisme part de la considération d'un Homme-Dieu, et le Positivisme de l'expérience sur l'homme naturel ! » Jésus se nomme lui-même, très positivement, *le Fils de l'homme;* et tout chrétien cherche et trouve en lui le *nouvel Adam.* Nous ne vous l'offrons point, en ce moment, comme Dieu : nous l'invoquons simplement *comme docteur,* comme savant homme, et nous soumettons sa parole à votre libre examen et à votre jugement humain.

L'homme moral a de commun avec tous les êtres de l'univers d'être en soi une unité. Etant

_____

(1) *Les femmes qui tuent,* 20ᵉ éd., p. 174.

admise cette unité, nous pouvons y chercher la variété ; et, sans perdre de vue la considération du tout, descendre à l'analyse des parties.

Votre science, la plus avancée, enseigne que ce moi humain, un, a une double tendance.

D'une part, il y a, dans l'homme, une puissance qui le constitue en soi un principe formel de son individualité et de sa personnelle conservation : *la force de concentration.*

Mais, d'autre part, l'homme obéit à une force autre, sinon contraire, du moins opposée, qui tend à le porter hors de soi-même, à le mettre en relation avec les autres, à combiner sa vie avec la vie d'autrui : *la force d'expansion.*

On peut ramener ces deux tendances à un même principe général :

l'attraction.

L'attraction a un double mouvement :

Penchant vers soi-même,

Inclination vers autrui.

Voilà l'Homme, dans son double attrait, tel que vous le présentez à notre étude.

S'il y a une vue qui caractérise votre école, c'est celle que vous avez revêtue d'un nom déjà populaire :

l'altruisme.

Nommer les choses, ce n'est pas un petit mérite. C'est le signe même de l'intelligence et de la science. « Le Seigneur, dit Moïse, conduisit à Adam tous les animaux de la terre et tous les oiseaux du ciel pour que l'Homme vît comment il devait les appeler. »

Charles Fourier, sans avoir assurément conscience qu'il faisait un emprunt à saint Grégoire le Grand, avait créé cette appellation :

science sociale.

Auguste Comte a préféré ce mot :

sociologie.

C'est-à-dire le verbe social, la raison de la société humaine.

On ne peut pas mieux résumer une grande idée simple.

Le mot *altruisme* est moins général ; il appelle son complément, puisqu'il y a dans l'homme l'attrait du *moi*.

Aussi avez-vous très logiquement cherché à réhabiliter, en l'expliquant, un mot auquel on donne vulgairement un sens mauvais :

égoïsme.

L'égoïsme, au sens étymologique du mot, n'est mauvais qu'autant qu'il enferme et absorbe l'être au dedans de lui-même, au point de faire obstacle à son expansion vers autrui.

Le *ego,* quoi qu'on die, le *moi* n'est pas naturellement ennemi du *toi,* du *lui,* de *l'autrui.*

Quand Pascal dit : « Le moi est haïssable, » il peut avoir raison dans ce qu'il veut dire ; il a raison, en fait, au milieu du désordre général, en présence d'une humanité subvertie, malade, contradictoire à elle-même, où les membres sont tous livrés à l'antagonisme. Mais ce mot du plus illustre des Jansénistes, s'il est pris au sens absolu, est une hérésie, condamnée implicitement, depuis dix-huit siècles, par cette parole de l'Evangile : « Tu aimeras ton prochain comme toi-même. »

Ici, le théologien Jésus se voit confirmé par le savant Littré.

En effet, mon cher Maître, vous reprochez à bon droit à Herbert Spencer de tomber dans un excès, lorsque, à très bonne intention assurément, comme Mme Guyon et Fénelon, le savant et généreux Anglais veut exterminer l'égoïsme ; et vous pensez, vous, que, sans prétendre à retrancher l'amour du moi, il suffit de le subordonner à l'amour de l'Humanité.

Sur ces deux points:

Inséparabilité du moi et du prochain,

Subordination du moi à l'humanité,

vous vous trouvez absolument d'accord avec
nos Pères et Docteurs, et vous êtes donc,
comme eux, le très sensé et raisonnable disciple du Christ.

Saint Augustin est pour vous contre les
Utilitaires ; car il enseigne que l'amour déréglé
de soi-même et l'appétit effréné des biens matériels sont cause du mal social.

Saint Thomas d'Aquin est avec vous contre
Herbert Spencer ; car il soutient énergique-
ment les droits naturels de l'individu, et même
il respecte et légitime le moi sensitif, tout en
le maintenant à sa place, subordonné à l'altruisme et aux devoirs moraux.

« L'homme, disent nos deux grands théologiens, l'homme aime naturellement et doit
aimer Dieu, son prochain et soi-même, et non
seulement son âme, mais aussi son corps.

« Lorsque saint Paul demande à être dépouillé de son corps, il entend par là les souil-
lures du péché et les corruptions de la peine,
et nous devons par charité même demander
l'éloignement de toute souillure et de toute
corruption. L'Apôtre a pris soin de préciser
qu'il ne demande à être délivré que de son
corps de mort, *de corpore mortis hujus.*

« Mais saint Paul ne refusait pas d'être en

comunion avec son corps quant à sa nature ;
car il dit lui-même : « Nous voulons non pas
« être dépouillés, mais être revêtus d'immor-
« talité (1). »

Le prince des théologiens romains ne pros-
crit le moi qu'autant qu'il est exclusif de l'altruisme ; sa philosophie est tout entière dans
cette vue prophétique sur le dernier de nos
Bas-Empires :

« Dans les derniers jours, viendront les
temps du péril social. Il y aura des hommes
*n'aimant qu'eux-mêmes, sans affection pour
autrui*, traîtres et grossiers, *plus amateurs des
voluptés basses que de Dieu.* » C'est le renver-
sement et la destruction de l'accord parfait
commandé par Jésus :

Dieu,

Le prochain,

Nous-mêmes (2).

Aristote avait le sentiment de cette essentielle harmonie entre le moi et le prochain,
car il a écrit ce mot profond : « L'amitié qu'on

___

(1) S. Paul, Rom., vii, 24 ; II Cor., v, 4. S. Thomas,
Somme Théologique, 2 a 2 œ, 9. 25, 26, 89, objet de la
charité. Ordre de la charité. Aristote, *Eth.*, ix, 8.

(2) S. Marc, xii, 34. S. Jean, I Ep., iii, 16. S. Paul, II
Tim., iii, 24.

a pour autrui vient de l'amitié qu'on a pour soi-même. »

Mais nos Pères et nos Apôtres ont puisé dans le cœur du Christ le sentiment nouveau du sacrifice de soi-même à ses amis et à l'humanité, à un degré d'héroïsme sublime, que vous comprenez mieux que le philosophe de Stagire, que vous enseignez plus largement, que vous pratiquez comme nos saints.

En somme, votre science demeure d'accord avec notre théologie pour résumer la règle des devoirs sociaux dans cette leçon évangélique :

« Ne faites pas à autrui ce que vous ne voudriez pas qu'on vous fît.

« Ce que vous voulez que les hommes fassent pour vous, faites-le semblablement aux autres.»

« C'est la loi et les prophètes », ajoutait le Christ parlant aux Juifs : la loi qui contraint par la force et punit la méchanceté ; la grâce prophétisée qui affirme la bonté, développe le bien et réalise l'universelle félicité (1).

Les demi-savants affectent encore de rapporter l'honneur de cet enseignement à Confucius et autres sages de l'antiquité païenne. Mais Littré et Renan ont fait justice des

---

(1) S. Grégoire, sur Job, xi, et 10 *Mor.* 4 et p.

préjugés de l'ignorance; et mon ancien condisciple, devenu votre disciple, Charles Li-
mousin, vient de faire cette déclaration :
« Jésus donna à cet axiome sa forme défini-
tive (1). » Progrès et accomplissement tout
naturels, puisque le Christ, de l'aveu de la
Critique la moins surnaturelle, est l'homme le
plus parfait qu'on ait jamais vu sur la terre,
l'Homme par excellence (2).

Nous sommes donc, et en fort bons termes,
mon cher Maître, d'accord avec vous au moins
sur cette coexistence nécessaire du Moi et de
l'Altruisme.

Ce n'est pas ici le lieu d'entrer à fond dans
l'analyse de l'âme aimante et de ses divers
modes d'expansion sur le prochain. Positivistes, Saint-Simoniens, Phalanstériens, tous
comprennent, comme les chrétiens :

Que l'altruisme s'étend d'un sexe à l'autre ;

Et que tous deux conjugués s'inclinent avec
tendresse sur l'enfant ;

Et que la ronde de l'amitié embrasse toutes
les camaraderies et confréries ;

Et que tous les adeptes d'une même doc-

(1) *Revue du mouvement social*, octobre 1880, p. 376.
(2) *Vie de Jésus*, conclusion.

trine, tous les serviteurs d'une même cause, tous les habitants d'un même pays, tous les compagnons d'un même devoir, ont attraction à former la secte, la corporation, la cité, la Patrie.

Enfin, toutes les philosophies vivantes, toutes les écoles socialistes concertent également pour étendre l'affection fraternelle des hommes jusqu'au degré universel, jusqu'à une certaine sphère religieuse. Tout le monde convient que la religion moderne, c'est l'*Humanitarisme*.

Toute la libre pensée chante avec Béranger et avec vous et avec Dumas :

«Humanité, règne, voici ton âge (1) !

Le chansonnier ajoutait :

« Que nie en vain la voix des vieux échos. »

Ces vieux échos ne venaient pas du rocher de saint Pierre. Vous, solide savant, vous l'avez enseigné aux poètes, plus légers en raison de leurs ailes. Comme votre ami Jean Reynaud, vous avez affirmé qu'au moyen âge, sous la direction de la Papauté, « l'humanité prît conscience d'elle-même (2). » Or, cette

(1) *Révolution et positivisme*, p. 286. *Les femmes qui votent*, 150, 216.

(2) *Encyclopédie du* XIXe *siècle. Le moyen âge et les Barbares.*

humanité était bien destinée à régner avec le
Fils de l'homme.

Et vous devriez bien rappeler à Mlle Huber-
tine Auclerc, à MM. A. Dumas et E. de Girardin, qui paraissent l'avoir oublié, que, dans
ce royaume de droit divin et de droit humain,
la femme était conviée au partage du trône
abbatial, dans tous ces monastères bénédictins dont vous avez fait un si digne éloge.
Notre-Dame était Reine au sein, au cœur de
l'Eglise ; la sainte Famille s'universalisait pour
réaliser sur la terre elle-même le règne de l'Humanité sainte : *et in terra, regnante Christo.*

Vous résumez, vous, la consommation de
l'altruisme, dans le sentiment religieux.

Fourier dit : *Unitéisme ;*

Saint Pierre écrivait : *Amour de fraternité.*

C'est toujours là même pensée. Et, sur ce
point, vous êtes plus fermement uni à l'ortho-
doxie romaine que Fourier.

L'unitéisme est au sommet du clavier des
puissances humaines ce que le blanc est à
l'octave de la gamme des couleurs, et c'est
par lui qu'éclate au sommet de l'âme humaine
la candeur de l'unité divine. Sur ce point,
Fourier est en communion parfaite avec le
ciel théologique, car le Franciscain Duns Scott

spécifie excellemment le caractère de l'unitéisme, quand il dit : « L'unité ajoute à l'être une réalité. » D'où suit que Fourier a raison de donner à la religiosité le caractère particulier et supérieur d'une puissance *foyère et pivotale*. Mais un beau jour, trouvant son unitéisme un peu froid et voulant le baptiser dans le courant de l'amour divin, il s'avisa d'écrire: « L'unitéisme, c'est le Saint-Esprit (1). » C'est pour s'être ainsi aventuré dans les régions mal connues du ciel ecclésiastique qu'il fut mis à l'*Index*. L'Eglise, comme l'école positiviste, « ne veut pas confondre les deux domaines »; son chef, plus exact que Fourier, emploie ces deux termes divers :

Amorem fraternitatis, charitatem (2).

L'amour de l'unité fraternelle est le sommet de l'Humanité.

La charité, c'est le soleil qui vient, d'en haut, frapper, toucher, pénétrer, diviniser l'âme humaine.

Je suis donc obligé d'avouer que, sur cette cime sublime, vous êtes, plus que Charles

---

(1) Confirmation tirée des saintes Ecritures, dans le *Nouveau monde industriel;* non confirmée par le Pape.
(2) II Pierre, ı, 5-7.

Fourier, en communion scientifique avec saint Pierre. Vous distinguez mieux la nature illuminée d'avec la Grâce illuminante. Votre science a cela de commun avec la théologie de saint Thomas d'Aquin, qui n'aura pas manqué, dans le ciel, de mettre le doigt sur l'erreur commise, ici-bas, par Fourier, en lui disant :

« Le soleil n'engendre pas à lui seul. Il y a comme un soleil humain, propre à l'homme, une participation naturelle au divin soleil du Très-Haut, selon cette parole du Psalmiste : « La lumière de votre visage, Seigneur, est imprimée en nous (1). »

Quelle joie de trouver tant de choses communes entre le positivisme et le catholicisme !..

Mais voici le point où semble cesser la concorde entre le prince des Savants et le prince des Apôtres :

Le Vicaire de Jésus-Christ enseigne que la Charité, vertu théologale, perfectionne en nous l'Unitéisme, la fraternité, la religion naturelle, et fait de l'Humanité saine et royale une Humanité sainte et divine.

(1) *Somme théologique*, Ps. xiv, 7.

Or, l'héritier d'Auguste Comte hésite et demeure incertain devant cette vision de l'altruisme communiant avec les cieux.

Pour accomplir entre nos libres raisons la paix qui déjà règne entre nos cœurs, mon vénérable ami, voyons jusqu'où peut s'étendre et doit s'étendre, jusqu'où s'étend logiquement et nécessairement l'amour d'autrui.

Le ciel scientifique en est arrivé à admettre l'amour de fraternité prolongé sur tous les hommes, sans exception d'âge, de sexe, de race et de patrie, — ce qui est un dogme fondamental de notre céleste théologie.

Et l'école positiviste concorde avec l'école chrétienne, pour affirmer que l'altruisme est un épanouissement de l'être vers et dans ses semblables, un progrès du moi lui-même et un progrès ascendant.

L'ascension de l'âme élargie va-t-elle s'arrêter à l'humanité actuellement visible, habitante de notre globe ?

Quand les naturalistes n'en étaient qu'au petit lait de la science, il leur était permis de cloîtrer la vie, la pensée et l'amour dans la sphère de notre planète. Heureux encore l'esprit humain d'avoir entrevu dans les vagues lueurs des prophéties et sous l'éclair de la révélation positive, l'existence d'un autre monde inférieur et supérieur !

« Je sais, avait dit Job, qu'il y a un Dieu vivant qui me restaurera dans la vie. »

« Je vois, avait dit Jacob, je vois des anges qui montent et descendent entre la terre et le ciel. »

Et Jésus, parlant à un peuple à l'oreille dure et au cœur endurci, lui rappelait qu'Abraham, Isaac et Jacob devaient être encore en vie, étant les fils du Dieu des vivants ; et ce théologien, précurseur des savants, révélait ce grand fait, devenu aujourd'hui évident et démontré à la raison, *la pluralité des mondes.*

« Il y a beaucoup de demeures dans la maison de mon Père. Si cela n'était, je vous l'aurais dit. »

Et Jésus racontait à notre humanité enfantine que partout régnait la même loi de formation, d'éducation et de progrès ; et que, dans les nombreux séjours de la vie universelle, intervenaient des frères aînés, des êtres supérieurs, des maîtres dévoués, pour élever les petits et les unir aux grands, pour préparer les lieux aux âmes et les habitants aux demeures: *Mansionibus præparando man-*

sores, copia enim est multa mansionum (1).

Est-ce donc à cette heure avancée du siècle des lumières que les savants positifs reculeraient devant les horizons éclatants entr'ouverts par les théologiens? Et à quoi servirait le plus sublime des procédés de la logique, si l'Analogie ne nous conduisait pas du connu à l'inconnu?

Qui songe à nier l'influence réciproque et le concours des corps célestes congrégés entre eux sériairement et coordonnés pour s'entr'aider, se fortifier, s'éclairer et s'équilibrer harmonieusement? Il saute aux yeux de la raison scientifique que notre tourbillon, notre univers, sont de vastes *associations de secours mutuel.*

Pour l'existence et l'échange des puissances physiques, nul ne conteste.

Une force est dans la terre (d'où quelle vienne : *de deorsum, de supernis,*) en vertu de laquelle la terre tourne sur elle-même.

S'il n'y avait que notre terre et sa force immanente dans l'espace, ce serait une toupie tournant dans la nuit, et encore n'irait-elle pas longtemps. *Væ soli!*

(1) S. Thomas, *Chaîne d'or*, sur saint Jean, xiv.

Mais il y a un autre être, une autre force, le soleil illuminant. La gravitation de la terre sur elle-même a pour effet de présenter le globe périodiquement sous toutes ses faces, successivement éclairées, échauffées, vivifiées. *Duo calefaciuntur.*

Ce n'est pas tout : car ces deux êtres, ainsi en présence, pourraient rester indéfiniment dans le même poste, sans rapports avec d'autres foyers. Mais une autre force anime le soleil. Il n'est pas seulement luminaire et moteur pour nous : il est lui-même soumis à une attraction vivificatrice; il y a *quelque chose* de plus haut et de plus puissant, qui le meut et le tire à d'autres concerts et à d'autres harmonies. Tel est le triple nœud des attractions indissolubles : *Funiculus triplex.*

Le soleil, donc, entraîne autour de lui la Terre, grâce à lui voyageuse et promenée dans les espaces, et mise en relation non seulement avec les autres *planètes, ses semblables,* mais avec les comètes errantes et avec les étoiles fixes et les constellations, et jusqu'à l'*Infini.*

Or, voit-on que la terre, en vertu de sa vertu immanente, se refuse à se mettre en communication avec son prochain et avec son supérieur, de peur de s'aventurer dans l'in-

fini? C'est le contraire. Son moi, très persé-
vérant, par une merveilleuse harmonie pré-
établie, aspire à autrui, trouve et prend son
plaisir à graviter sur le soleil, pour avoir,
grâce à lui et avec lui, l'agrément de se pro-
mener dans l'univers et de lier des relations
de plus en plus fécondes, libres et bienheu-
reuses avec les globes, innombrables habitants
du ciel.

Tel est l'engrenage et le jeu combiné de
l'égoïsme bien entendu et de l'altruisme bien
compris, en tout et partout.

A ces concerts, une condition : c'est que la
terre se coordonne au soleil. Imaginez qu'elle
voulût et qu'elle pût s'arrêter, refuser son
concours, je parie à coup sûr qu'il en résulte-
rait quelque perturbation cosmique, dont la
pauvre planète, regimbant contre l'aiguillon
divin, serait la première victime.

Comment donc pourrions-nous supposer,
logiquement, raisonnablement, que l'habitant
de la terre puisse fermer les yeux de son
esprit au soleil des esprits, se retourner sur
son foyer interne, se contenter de sa force
immanente, refuser son concours aux autres
humanités, son aide aux êtres inférieurs, sa
déférence aux supérieurs, son obéissance à

l'Etre des êtres, sans qu'il en résulte des perturbations morales, des révolutions politiques, des bouleversements sociaux ?

Non ! en vérité, non !

De même que le foyer solaire a une action nécessaire sur notre propre foyer humain, sur notre intérieur le plus intime, et jusqu'au plus profond de notre être, corps et âme, matière et esprit, forces physiques et psychiques :

Ainsi, il y a l'*âme solaire,* comme parle le savant, le soleil des esprits, comme parle le théologien, dans lequel, hommes spirituels, nous vivons, nous nous mouvons et nous sommes, pour être, nous mouvoir et vivre en unité avec l'infini.

C'est pourquoi l'évidence de l'analogie a forcé votre ancien condisciple Emile Barrault à renier la comète errante du P. Enfantin et à confesser dans Jésus-Christ, pour le moins, « *le Dieu de notre tourbillon.* » Il est impossible, à moins d'aveuglement, de se refuser à faire ce premier pas sur le chemin de la théologie. Et, dit la Sagesse des nations, il n'y a que le premier pas qui coûte.

S'il en faut croire une vision originale de Pascal, la lumière serait « *la force centrifuge du soleil* », et l'on pourrait ajouter que la chaleur en est la force centripète. Et j'ai lu chez les savants (n'est-ce pas dans le *Dictionnaire* de Littré ?) que l'électricité, cette Toute-Puissance qui attire et repousse, serait *la force primaire génératrice de la lumière et de la chaleur*. — Pourquoi n'y aurait-il pas un Tout-Puissant Principe Premier Spirituel, générateur de la Raison éternelle et de l'Amour infini ?

Puisque la gravitation, en chacun de nous, produit cet effet de faire descendre nos penchants, nos affections sur les règnes inférieurs à nous : — pourquoi l'attraction qui nous incline et nous attache à nos semblables ne se prolongerait-elle pas au delà du prochain et de l'universelle Humanité jusqu'aux règnes supérieurs à nous ?

Car, quel savant peu s'imaginer et soutenir que l'*infini,* comme dit Paul Bert, que la Vie universelle s'arrête à l'homme et s'enferme dans notre globe ?

L'homme, à mesure qu'il a progressé, par l'éducation et l'élévation de son esprit, s'est appliqué non seulement à l'étude de la géologie, de la botanique et de la zoologie, mais de plus à l'observation du vol des oiseaux, des mouvements atmosphériques, des phénomè-

nes de lumière, chaleur, électricité, des planètes, des astres et de tout le monde sidéral :
pourquoi s'arrêterait-il là ? et, puisqu'il est
esprit, pensée, amour, pourquoi ne cherche-
rait-il pas à pénétrer aux cimes des esprits, à
communiquer avec les pensées et les amours,
qui sont au-dessus de nous ? Et pourquoi ne
demanderait-il pas à des foyers supérieurs la
lumière et la chaleur et la vie plus abondante ?

L'histoire positive ne nous montre-t-elle pas
les *terres inconnues du nouveau monde et des
rivages nouveaux de l'autre hémisphère* et les
bords inabordables des pôles, tous préparés
comme demeures à l'Humanité par les génies
prophétiques des Christophe Colomb, des
Améric, des Vasco de Gama, des François
Xavier, des Pierre Claver et de tous les mis-
sionnaires de la science et de l'amour ?

N'est-ce pas la Nature elle-même qui a dit
dès la *Genèse* et qui dit encore et de plus en
plus aux hommes nubiles et virils : « Croissez
et multipliez; remplissez la terre et faites de
tout votre domaine un Paradis ? »

Et n'est-ce pas encore la bonne Nature qui
parlait par une bouche divine, lorsque l'Homme
juste, le Saint des saints disait à ses disciples :

« Allez dans tout l'univers, et prêchez l'Evangile à toute créature ? »

Et à l'heure présente, celui qui a des oreilles pour entendre peut-il ne pas écouter les voix, désormais accordées, de la Révélation et de la Science chantant ensemble le triomphe de l'Humanité, et disant : « Hommes d'élite, esprits vraiment forts, réalisez l'échelle de Jacob. Après être descendus dans les profondeurs de la terre, remontez dans les hauteurs du ciel, pour procéder à la colonisation des astres. Ames vivantes et vivifiantes, prenez des ailes pour rejoindre vos frères d'en haut, et, tous en un, d'évolution en évolution, de vertu en vertu, de demeure terrestre en demeure céleste et du troisième ciel aux cieux étoilés, que notre Humanité progressive, incessamment transformée, communie à l'universalité des êtres ! »

Quelle est donc la science myope qui aurait l'idée de faire de l'espèce humaine une taupe, ne sortant de la monade matérielle que pour montrer un instant sa tête à la surface du sol et puis se renfoncer dans la nuit du sépulcre et se dissoudre en glaires ignobles et en poussières viles?

Ne vaut-il pas mieux croire à la communion

des hommes justes et savants avec les saints
et les anges du ciel, avec les soleils et les
étoiles d'un univers sensible, intelligent et
cordial?

Et vous tous, adeptes du transformisme,
ne sentez-vous pas que vos belles découvertes
par en bas vous poussent irrésistiblement de
lumière en lumière, à découvrir les évolutions
vers le haut, et donc que votre science nouvelle aboutit, demain, à confirmer la vieille
foi de tout le genre humain?

Et d'où vient cet entêtement de cervelles sa-
vantes à rejeter une espérance si rationnelle,
si naturelle, source de toute consolation pour
les cœurs? N'est-il pas satisfaisant pour la
raison même de penser et de sentir que nous
avons au-dessus de nous des amis et frères
aînés, des pères et mères, des chefs et des
guides mieux éclairés, dont l'âme est suréminemment pénétrée et rayonnante de la Lumière éternelle?

Mais, objectent les positivistes, ces satis-
factions, offertes à notre cœur, ne satisfont
pas notre raison, parce qu'elles sont hors
d'atteinte pour nos sens.

— En effet. Mais l'enfant, dans les entrailles
de sa mère, du fond de ses ténèbres, ne doit-il

pas aspirer au jour non encore apparent pour lui ? Nul ne sait dans quelle mesure la force immanente en lui concourt, avec la mère, à l'évolution du fœtus. Mais nous voyons le nouveau-né tendre au sein maternel et le saisir instinctivement, avant d'avoir la connaissance réfléchie de ses premières sensations; et nous voyons la providence maternelle venir efficacement en aide à l'instinct du nourrisson. Allez-vous démontrer au marmot de deux ans qu'il a eu tort de céder, sans en avoir raisonné, à l'instinct de ses premiers jours, et que le lait qu'il a pris dans un innocent baiser n'était qu'une illusion puérile de son âge théologique, un mythe, un conte de nourrice ?..... Parlons raison à l'enfant à l'âge de raison; mais soyons nous-mêmes assez raisonnables pour ne pas quereller la Nature sur les méthodes qu'elle adapte à l'âge de l'instinct.

Et ne nous étonnons pas davantage de n'avoir point le grand jour à la première aube du jour de l'Humanité. Tout être, en son évolution, plonge ses racines dans l'obscurité, dans le mystère, c'est-à-dire dans quelque chose d'enveloppé, de voilé, de peu compréhensible.

La même loi biologique préside aux premiers rapports physiologiques et psychologiques des mondes entre eux. Il y a pour l'Humanité embryonnaire, tout comme pour l'embryon individuel humain ou animal, un temps d'incubation, de formation dans les ténèbres et de développement instinctif.

Si le genre humain social est encore à l'état d'embryon, comment pourrait-il se rendre un compte lumineux de ses relations intersidérales et futures ?

A fortiori, si, comme l'enseigne le docteur Barrier, l'Humanité est « un enfant malade. »

Tous les vrais savants, vous, Balbiani et tant d'autres embryogénistes, vous démontrez que l'homme individuel passe par toutes les évolutions de l'animalité, depuis le mollusque jusqu'au singe. Et vous confirmez, à cet égard, Moïse, qui raconte que l'homme a été *terre-aqueux* avant de devenir *âme vivante* ; et vous confirmez de même saint Paul, descendant du troisième ciel théologique, pour révéler la transformation progressive de l'homme animal en homme spirituel. *Prius quod animale* : le premier germe est semé animal, et il se développe dans l'obscurité, pour venir au jour esprit vivant et vivifiant (1).

Jamais l'Humanité n'a aussi vivement aspiré à la lumière que dans nos derniers temps : c'est qu'elle se prépare à naître au jour et à s'épanouir dans la plénitude de la vie lumineuse.

Certes, il convient de donner à l'esprit humain ce qu'il demande, et, de la part de Dieu même, la lumière scientifique, la démonstration positive.

Mais il n'est pas juste de mépriser la lampe, qui, avant l'heure où se lève le jour, a guidé dans les ténèbres ; et il est surtout déraisonnable d'insulter, au nom de la Science, aux lueurs de la Révélation, aux éclairs de l'inspiration. Le soleil ne déprise pas les étoiles, ne dédaigne pas son aurore.

Et il y a mieux, pour nous éclairer sur les grands mystères de la Nature, notre bonne mère, il y a mieux que la lampe à l'huile et au pétrole : il y a ce nouveau miracle de la science,

Le photophone.

Ceci est bien une réalité positive. Bell et Jansens sont-ils de vrais savants ? Eh bien,

(1) I Cor., ɪ et xv.

c'est un fait qu'à la première vue de ce chef-d'œuvre du génie humain, notre astronome français a couru embrasser le physicien américain, et que, à l'heure où nous discutons sur les rapports possibles entre les mondes, tous deux, la main dans la main, sont entraînés naturellement, nécessairement, scientifiquement, à expérimenter les moyens de faire *photophoner* la terre avec le soleil !.....

Lorsque Bell et Jansens entrevoient que les hommes vont pouvoir, à l'aide d'un rayon de lumière, *causer avec les solariens*, va-t-il se trouver encore des savants qui voudront fermer nos raisons à cette merveilleuse puissance du Sens, qui ouvre à nos cœurs la porte du ciel ?

Et s'il est vrai que toutes les branches mathématiques et physiques de la Science lient et associent notre globe aux astres, il sera faux que la branche mère, psychique et morale, dût trouver son épanouissement céleste !.....

Non, non : Saul, Saul, il t'est dur de regimber contre l'aiguillon ; mais la physique va t'envelopper d'une telle abondance de lumière, que tu ne tarderas pas à te prosterner dans la contemplation et l'adoration !

Je conclus, sur ce chapitre, que la notion de la pluralité des mondes, qui semblait à plusieurs devoir porter atteinte à la foi religieuse, va ramener à la démonstration positive de la vérité catholique.

Revenons, pour mieux nous entendre, à la considération de l'Homme et aux deux forces qui le constituent, le *moi et l'altruisme*.

Etant donné l'Homme ainsi composé, quelle est la loi d'enchaînement de ces deux forces, de leur développement, de leur aboutissement?

L'évolution connue de ces puissances peut-elle être appliquée à une échelle ascendante?

Ces forces se transforment-elles de telle sorte, que, du phénomène chimico-physique se dégage le physiologique, puis le psychique puis le sociologique, et que de la mort apparente semble sortir la vie; et cette transfor, mation force-t-elle l'observateur logique à conclure de l'existence des échelons visibles à l'existence de degrés invisibles?

C'est à quoi concluent vos émules dans la science positive, Wallace et Stuart Mill.

Ceci admis (qu'il y a une échelle indéfinie d'évolutions progressives et de transformations ascendantes), en vertu de quelle poussée d'en bas ou de quelle attraction d'en haut s'opère cette évolution des forces ainsi progressivement transfigurées ?

Ici, le positiviste, solide sur sa base, voyant poindre les causes principiantes et finales, s'arrête, recule, et se refuse à l'étude du problème. Il voudrait s'en tenir à l'étude de l'altruisme humanitaire terrestre.

Que la science naturelle s'occupe d'abord de la nature sensible, c'est tout naturel ; que la science sociale s'applique principalement à la culture et au culte du prochain, c'est conforme à la méthode positive, progressant à pas comptés : et l'Eglise ne contredit ni à ce procédé, ni à cette préférence du génie scientifique. Nous en avons pour témoin le plus poète et prophète des Papes Docteurs, saint Grégoire le Grand. Après avoir merveilleusement commenté la plus grande scène mystique de l'histoire de l'Eglise, la Descente du Saint-Esprit sur la Mère du Christ et ses Apôtres, redescendant de ces hauteurs célestes à la terre ferme de l'Humanité , saint Grégoire prend soin d'expliquer que l'amour du prochain est « l'acte antécédent à l'amour de Dieu. »

« L'Esprit divin, dit-il, inspire l'Amour ; mais il en fait d'abord l'application au prochain, pour que l'homme s'élève, par l'humanité même, à la Divinité. » Ainsi, dès le premier moment de leur vocation, les disciples aimèrent dans Jésus-Christ l'homme, leur prochain, avant de pénétrer en lui le Dieu voilé, avant la confession éclatante de Simon Pierre : « Vous êtes le Christ, le Fils du Dieu vivant! »

Il n'est pas rare de trouver des chrétiens, demi-théologiens, qui passent leur vie au temple, en prières, exaltés dans l'amour de Dieu, et qui remettent le plein exercice de l'amour du prochain au temps où ils seront au ciel, dans le royaume de la paix. C'est le procédé inverse que recommandent Jésus et son frère Jean, comme l'expose saint Grégoire le Grand.

« Assurément, poursuit le saint Docteur, l'amour de Dieu et l'amour du prochain sont inséparables. Mais la vertu de la divinité en elle-même est comme le soleil dans le ciel; la vertu de la divinité dans les hommes, c'est le soleil sur la terre. Le Seigneur a donné deux fois l'Esprit-Saint, son Amour, à ses disciples : la première, par Jésus vivant sur la terre; la seconde, du haut de son trône céleste. L'Amour est donné sur la terre, pour que le prochain soit aimé: et puis du ciel, pour que

Dieu soit aimé. Mais pourquoi a-t-il été donné dans cet ordre, d'abord sur la terre et ensuite du ciel, sinon pour nous faire mieux comprendre ce que nous dit saint Jean : « Celui qui n'aime pas son frère qu'il voit, comment peut-il aimer Dieu qu'il ne voit point ? »

« Aimons donc, conclut saint Grégoire, chérissons notre prochain, mes frères, ayons l'amour pour celui qui est près de nous, afin d'avoir puissance de parvenir à l'amour de Celui qui est au-dessus de nous. Que notre esprit s'applique à rendre au prochain l'amour même qu'il doit à Dieu, pour que nous méritions parfaitement d'avoir le bonheur éternel en Dieu avec le prochain (1). »

Si l'acte d'amour envers le prochain est ainsi naturellement antécédent à l'amour de Dieu, c'est donc bien le devoir de la Science de commencer par analyser à fond l'altruisme terrestre. Le pape Grégoire y consent; mais il promet aux savants positivistes que la connaissance du prochain, vraiment aimé, les conduira infailliblement à la connaissance de l'Homme-Dieu dignement adoré, comme l'é-

_____

(1) S. Grég., hom. xxx, sur la Pentecôte. S. Jean, xx, 22; I Ep. IV ; Act., II.

goïsme bien entendu a mené Comte et Littré à l'altruisme bien compris.

Et comme il n'est pas interdit, dans l'Ecole positiviste, de remonter aux causes prochaines, aux causes secondes; et comme la méthode commune aux vrais savants et aux bons chrétiens demande à l'histoire des leçons de biologie, et découvre, par analogie, les lois de la Science sociale dans les évolutions de la psychologie et de la physiologie, nous avons le droit, mon cher maître, d'examiner devant votre tribunal, comment, dans le cours de l'histoire, l'égoïsme s'est transformé en altruisme; quelles causes, quelle poussée ou quelle attraction ont déterminé cette évolution, ce mouvement d'ascension du *moi* transfiguré en amour du prochain.

Les humains, assurément, avant l'ère chrétienne, avaient le sens et l'amour et même une certaine intelligence du moi. Tout le monde glorifie Socrate pour cette parole féconde : *Connais-toi toi-même.*

Mais les sages de la Grèce étaient loin de déduire de la connaissance de leur moi la convenance de l'altruisme. Socrate enseignait que la justice consiste à faire le plus de mal possible à ses ennemis. Confucius avait dit :

« Ne fais pas à autrui ce que tu ne voudrais pas qu'on te fît. » Le mot touchant de Térence : *Homo sum, nihil humani a me alienum puto*, ne prolongeait pas bien loin le sacrement de l'humanité. L'amitié pour les hommes ne dépassait guère les proches, les amis voisins.

Et les meilleurs stoïciens, Epictète et Sénèque, n'avaient ni bien expliqué, ni bien senti la fusion libre et harmonieuse de tous les hommes dans l'Humanité.

Les charmes de l'attrait du prochain, comme vous les comprenez et les faites comprendre aux positivistes, ne se trouvent bien décrits que par nos Pères théologiens, quand la gloire du stoïcisme s'est éteinte au front de Marc-Aurèle.

Laissez-moi rappeler à votre mémoire leur parole, digne de votre cœur aimant.

« Quoi de plus léger, de plus suave et de plus gracieux que le joug de l'amour mutuel ?

« L'amour qui vit en moi, non seulement m'incline vers le prochain ; mais il le cherche, mais il s'élance vers lui, court au-devant, l'embrasse et le pénètre et se fond en lui...

« L'amour nous porte à l'observation, à la pénétration, à la connaissance ; il est la science même. *Amor ipse notitia est...*

« L'amour de nous-mêmes nous fait comprendre l'amour du prochain... Et il est absolument conforme à la loi de la vie que la science embrasse d'abord l'amour du prochain avant de s'élever à l'amour de Dieu. Car, dit saint Jean, comment celui qui n'aime pas et ne sert pas son prochain qu'il voit, pourrait-il s'attacher et se dévouer à Dieu qu'il ne voit point ? Donc, ajoute saint Grégoire, aimons le prochain, qui nous touche, pour puiser dans cet amour même la force de parvenir à l'amour de Celui qui est au-dessus de nous, afin de confondre ces deux objets dans une même dilection...

« Et pourquoi devons-nous, âmes libres, céder à l'attrait qui nous tire en haut? c'est parce que, parvenus au foyer parfait et nous étant remplis de l'amour du Très-Haut, l'amour de nos frères descend plus vif dans nos cœurs, comme la sève dans les rameaux (1). »

Ainsi parle et chante, avec le plus grand des Papes, tout notre ciel théologique. L'amour du moi, en soi très légitime, est prédestiné à se satisfaire par son épanchement dans au-

(1) S. Grégoire le Grand, I Rois, xii, l. 5. Evang., hom. 25, 27 et 30. In Job, vi, 7, Mor., 10.

trui, et cet amour se prolonge et nous élève à l'amour des êtres supérieurs, Saints, Anges, Dieu. Et cet amour du moi ne s'étend sur autrui et ne monte et ne s'élance au plus haut, que pour redescendre de la fournaise divine plus pur et plus fervent, plus bienfaisant pour l'humanité et plus réjouissant pour nous-mêmes.

Or, comment l'homme, instinct, cœur et raison, est-il parvenu à avoir cette notion de l'unité universelle dans l'amour, conforme à la notion de l'unité universelle dans le Cosmos?

Personne ne saurait mieux répondre à cette question que l'éminent historien Littré.

Vous le savez, et vous l'avez exposé dans votre profonde étude sur *le Moyen Age.*

Un homme s'est rencontré, un célèbre philosophe, le plus libre des libres penseurs, le père et docteur de l'Ecole chrétienne, Jésus, qui a résumé sa doctrine dans ce mot :

« Vous aimerez votre prochain comme vous-mêmes. »

Je ne sache pas qu'aucun positiviste ait plus explicitement, aussi formellement exprimé le lien qui unit l'*altruisme à l'égoïsme.*

On ne peut pas dire mieux que le *moi* existe pour aboutir au *nous, le mien* constitué pour produire *le nôtre, l'amour de soi* prédestiné à engendrer l'*amour du prochain.*

Et comment? par quelle raison? par quelle cause secrète, profonde, essentielle, l'égoïsme individuel implique-t-il l'amour collectif, universel?

C'est, disent les Pères, que s'aimer soi-même, quand on s'aime bien, naturellement et divinement, c'est aimer en soi l'image de Dieu; et qu'aimant l'image de Dieu en soi, on ne peut pas ne pas aimer les autres images de Dieu, à moins d'un aveuglement maladif; et qu'aimant dans les visibles, les images et ressemblances de Dieu, on doit nécessairement aspirer à aimer Dieu lui-même (1).

Telle est, sur l'évolution de l'égoïsme en altruisme, la vision du ciel théologique.

Il appartient au ciel scientifique de s'élever, par une vue expérimentale plus précise et plus positive, à des hauteurs aussi sublimes.

Monter plus haut, en partant d'une base plus profonde, en s'étendant avec plus de largeur, c'est impossible !

Jésus-Christ est le principe de la Vie, conséquemment de la Science positive.

(1) *Catena Aurea* sur S. Matth., xxii, S. Marc, xiii.

Mon très honoré maître ès sciences, Littré, inclinons-nous, et crions du fond du cœur, avec les Prophètes sémitiques :

« Seigneur, il n'est point parmi les plus forts un génie qui soit semblable à toi.

« Il n'est aucun Dieu nouveau, soit dans le ciel, soit sur la terre, qui puisse faire tes œuvres et être comparé à toi en vertu féconde.

« Tu as été, dans ta miséricorde, le chef et le conducteur de l'humanité, que tu as rachetée des ténèbres de l'erreur et de l'état mortel du mal.

« Toi seul aplanis la voie parfaite au progrès du genre humain.

« Tu es le Tout-Puissant, et toute la Vérité est comprise dans le cercle tracé par ta main (1) ! »

(1). Ex., xv. Deut., iii. II Rois, xxii. Ps. lxxxviii. Jér., x.

Je soumets ces aperçus, cher et vénérable Monsieur, à votre intelligence si profonde et si large, à laquelle rien ne manque, sinon un peu plus de libre ouverture du côté du ciel, du soleil et du vaste monde astral, où vit l'universel prochain.

Vous nous laissez à nous la liberté de lever nos yeux vers le Dieu inconnu : soit bénie votre tolérance ; mais ce n'est point assez.

Si tout est lié dans le système de la Nature, tous les phénomènes, tous les ordres de faits s'enchaînent et conséquemment s'influencent. Tous les degrés se tiennent sur l'échelle de la Science.

Et donc, toute science spéciale qui se claquemure dans son domaine propre s'appauvrit ou ne peut plus se compléter, si elle ne tient compte des chaînons qui l'attachent aux sciences ses voisines, si elle ne voit pas clair dans les transitions qui la relient à la série des êtres.

La Physiologie en est venue à comprendre

l'utilité, pour se mieux éclairer, de connaître les sciences mécaniques et physico-chimiques.

La Philosophie avoue qu'elle a besoin des lumières de la Physiologie.

La Théologie déclare, au nom de l'Ange de l'École, que le théologien doit être anthropologiste et étudier toutes les sciences qui se rattachent à l'homme.

Pourquoi la Biologie, se mouvant si largement et si profondément dans le domaine des sciences naturelles, se refuserait-elle à fixer son regard sur le ciel théologique ?

Pensez-vous que Claude Bernard se soit acquitté pleinement envers la Science, quand il a dit : « Aucun phénomène physiologique et vital ne se produit en dehors de certaines conditions. Quant aux causes invisibles, il y en a, sans doute ; mais la physiologie n'a pas à s'en occuper. »

S'il y a *sans doute*, s'il y a *peut-être* des causes, non encore vues au fond, autour et au delà des choses sensibles, c'est un devoir rigoureux pour le vrai savant de chercher à les voir, à les contempler ; car on peut dire assurément, en retournant le mot de saint Augustin : « L'ignorance à l'égard des invisibles peut fausser la connaissance des visibles. »

Ne pas s'élever des faits terrestres aux faits
du ciel prochain, s'arrêter court à l'échelon où
l'on perche et ne pas s'inquiéter des autres
termes de la chaîne universelle des êtres,
c'est refuser à la raison humaine la pénétration des lois générales de l'univers. Ne pas
chercher pour trouver et pour voir, afin de
faire voir et d'expliquer, c'est trahir la Science.

Et lorsque l'attraction de la Femme, notre
moitié, et de nos enfants, et de la presque
unanimité des hommes de tous les temps,
élance irrésistiblement l'âme vivante humaine
vers les âmes vivantes des mondes supérieurs,
ce serait une impiété de ne pas tenir compte
de cet attrait religieux de l'universelle
Humanité.

Généreux réprésentant de l'Ecole française,
voyez, en Angleterre et en Allemagne, vos
dignes émules, Wallace, Crookes, Stuart Mill,
Zellner, Frechner, Ulrici, tous si bien affermis
sur votre terre scientifique, se mettre pourtant à la fenêtre qui donne sur le ciel théologique. Regardez de ce côté, et vous embras-
serez le monde des invisibles d'un regard plus
vif et plus précis que nos frères anglo-saxons;
car l'invisible, c'est l'intellect même et c'est
l'amour, et personne n'est mieux que vous

armé pour posséder ces choses saintes, éternelles, divines !

Quoi qu'il advienne de cet élan de mon cœur
vers le vôtre sur cette terre et dans la vie
présente, j'ai la certitude qu'il en restera un
bon souvenir propre à nous rapprocher dans
la vie supérieure et éternelle ; et je vais, en ce
jour où j'achève cet écrit, fête de saint Jean
l'Evangéliste, à la Sainte Table catholique,
demander à Dieu la grâce de notre réconciliation dans une unité religieuse plus parfaite.

Nous ne pouvons mieux confier votre puissant et laborieux génie scientifique qu'au
disciple bien-aimé de Jésus, au second fils de
la Mère du Sauveur, à Jean *le Théologien*,
auprès duquel saint Thomas d'Aquin lui-même
n'est qu'un enfant ; au disciple réservé pour
être le précurseur de la Résurrection générale,
pour présider à l'organisation de ce Royaume
des cieux dans lequel il n'y aura plus trace de
mal ; à ce fils humble et doux de la Colombe
par qui le progrès social va s'accomplir et
jusqu'à un degré de perfection qu'ont à peine
entrevu Saint-Simon, Comte, Littré et Fourier:
car il nous montre, descendant du ciel et du
sein de Dieu, la Société nouvelle, où, les âges
primitifs ayant épuisé les labeurs et les péni-

tences de l'épreuve, « il n'y aura plus ni mort, ni deuil, ni cris, ni douleur. »

C'est lui qui nous appelle à la conciliation et à l'accord parfait, pour un même concert, afin que notre union donne force à l'Humanité sainte ; lui, l'apôtre que Jésus et Marie aimaient et qui nous aime. Ecoutons sa voix fraternelle redire sur nous tous, libres penseurs naturalistes et fidèles chrétiens, sa parole de paix et d'amour : « Mes petits enfants, aimez-vous les uns les autres. »

27 décembre 1880.

Pour paraître sous peu de jours

APPEL

A PAUL LITTRÉ ET AUX POSITIVISTES

SECONDE PARTIE

NOS DISCORDS

Le laïcisme, La théocratie, Le miracle.

Rien de plus naturel
que le surnaturel

Original en couleur

NF Z 43-120-8